最新法律文件解读丛书

民事法律文件解读

总第 160 辑(2018.4)

最新法律文件解读丛书编选组　编

人民法院出版社

图书在版编目(CIP)数据

民事法律文件解读．总第160辑/最新法律文件解读丛书编选组编．—北京：人民法院出版社，2018.7
(最新法律文件解读丛书)
ISBN 978-7-5109-2159-9

Ⅰ.①民… Ⅱ.①最… Ⅲ.①民法-法律解释-中国②民事诉讼法-法律解释-中国 Ⅳ.①D923.05②D925.105

中国版本图书馆CIP数据核字(2018)第106069号

民事法律文件解读·总第160辑
最新法律文件解读丛书编选组 编

责任编辑 丁丽娜
出版发行 人民法院出版社
地　　址 北京市东城区东交民巷27号 邮编 100745
电　　话 (010)67550608(责任编辑) 67550558(发行部查询)
65223677(读者服务部)
客服QQ 2092078039
网　　址 http://www.courtbook.com.cn
E-mail courtbook@sina.com
印　　刷 三河市国英印务有限公司
经　　销 新华书店
开　　本 787×1092毫米 1/16
字　　数 140千字
印　　张 8
版　　次 2018年7月第1版 2018年7月第1次印刷
书　　号 ISBN 978-7-5109-2159-9
定　　价 22.00元

卷首语

2018年4月27日，第十三届全国人民代表大会常务委员会第二次会议审议通过了《中华人民共和国人民陪审员法》（以下简称人民陪审员法）。人民陪审员法是我国第一部关于人民陪审员制度的专门法律，它的颁布施行，回答了中国的陪审制度向何处去的命题，确立了新时代人民陪审员制度发展的原则、立场和策略，标志着新时代中国特色人民陪审员制度扬帆起航。为深入贯彻落实人民陪审员法，在人民法院审判工作中更好实现人民陪审员制度的功能效果，最高人民法院专门印发通知，强调要加强人民陪审员法的学习宣传，加强人民陪审员的培训、管理、保障等。

2018年4月，最高人民法院公布《关于严格规范民商事案件延长审限和延期开庭问题的规定》（法释〔2018〕9号，以下简称《规定》），自4月26日开始施行。《规定》就严格规范延长审限报批、严格适用延期开庭审理、及时告知当事人相关程序性信息、依法处理拖延办案行为等作出规定。本辑收录了最高人民法院司法改革领导小组办公室负责人就《规定》答记者文章，希望对理解与适用该司法解释有所助益。

《最新法律文件解读》丛书
编　辑　部

目　录

[法律、法律性文件与解读]

中华人民共和国监察法

（2018年3月20日第十三届全国人民代表大会第一次会议通过）

目　录

第一章　总　则

第一条　为了深化国家监察体制改革，加强对所有行使公权力的公职人员的监督，实现国家监察全面覆盖，深入开展反腐败工作，推进国家治理体系和治理能力现代化，根据宪法，制定本法。

第二条　坚持中国共产党对国家监察工作的领导，以马克思列宁主义、毛泽东思想、邓小平理论、“三个代表”重要思想、科学发展观、习近平新时代中国特色社会主义思想为指导，构建集中统一、权威高效的中国特色国家监察体制。

第三条 各级监察委员会是行使国家监察职能的专责机关，依照本法对所有行使公权力的公职人员（以下称公职人员）进行监察，调查职务违法和职务犯罪，开展廉政建设和反腐败工作，维护宪法和法律的尊严。

第四条 监察委员会依照法律规定独立行使监察权，不受行政机关、社会团体和个人的干涉。

监察机关办理职务违法和职务犯罪案件，应当与审判机关、检察机关、执法部门互相配合，互相制约。

监察机关在工作中需要协助的，有关机关和单位应当根据监察机关的要求依法予以协助。

第五条 国家监察工作严格遵照宪法和法律，以事实为根据，以法律为准绳；在适用法律上一律平等，保障当事人的合法权益；权责对等，严格监督；惩戒与教育相结合，宽严相济。

第六条 国家监察工作坚持标本兼治、综合治理，强化监督问责，严厉惩治腐败；深化改革、健全法治，有效制约和监督权力；加强法治教育和道德教育，弘扬中华优秀传统文化，构建不敢腐、不能腐、不想腐的长效机制。

第二章　监察机关及其职责

第七条 中华人民共和国国家监察委员会是最高监察机关。

省、自治区、直辖市、自治州、县、自治县、市、市辖区设立监察委员会。

第八条 国家监察委员会由全国人民代表大会产生，负责全国监察工作。

国家监察委员会由主任、副主任若干人、委员若干人组成，主任由全国人民代表大会选举，副主任、委员由国家监察委员会主任提请全国人民代表大会常务委员会任免。

国家监察委员会主任每届任期同全国人民代表大会每届任期相同，连续任职不得超过两届。

国家监察委员会对全国人民代表大会及其常务委员会负责，并接受其监督。

第九条 地方各级监察委员会由本级人民代表大会产生，负责本行政区域内的监察工作。

地方各级监察委员会由主任、副主任若干人、委员若干人组成，主任由本级人民代表大会选举，副主任、委员由监察委员会主任提请本级人民代表大会常务委员会任免。

地方各级监察委员会主任每届任期同本级人民代表大会每届任期相同。

地方各级监察委员会对本级人民代表大会及其常务委员会和上一级监察委员会负责，并接受其监督。

第十条 国家监察委员会领导地方各级监察委员会的工作，上级监察委员会领导下级监察委员会的工作。

第十一条 监察委员会依照本法和有关法律规定履行监督、调查、处置职责：

（一）对公职人员开展廉政教育，对其依法履职、秉公用权、廉洁从政从业以及道德操守情况进行监督检查；

（二）对涉嫌贪污贿赂、滥用职权、玩忽职守、权力寻租、利益输送、徇私舞弊以及浪费国家资财等职务违法和职务犯罪进行调查；

（三）对违法的公职人员依法作出政务处分决定；对履行职责不力、失职失责的领导人员进行问责；对涉嫌职务犯罪的，将调查结果移送人民检察院依法审查、提起公诉；向监察对象所在单位提出监察建议。

第十二条 各级监察委员会可以向本级中国共产党机关、国家机关、法律法规授权或者委托管理公共事务的组织和单位以及所管辖的行政区域、国有企业等派驻或者派出监察机构、监察专员。

监察机构、监察专员对派驻或者派出它的监察委员会负责。

第十三条 派驻或者派出的监察机构、监察专员根据授权，按照管理权限依法对公职人员进行监督，提出监察建议，依法对公职人员进行调查、处置。

第十四条 国家实行监察官制度，依法确定监察官的等级设置、任免、考评和晋升等制度。

第三章　监察范围和管辖

第十五条 监察机关对下列公职人员和有关人员进行监察：

（一）中国共产党机关、人民代表大会及其常务委员会机关、人民政府、监察委员会、人民法院、人民检察院、中国人民政治协商会议各级委员会机关、民主党派机关和工商业联合会机关的公务员，以及参照《中华人民共和国公务员法》管理的人员；

（二）法律、法规授权或者受国家机关依法委托管理公共事务的组织中从事公务的人员；

（三）国有企业管理人员；

（四）公办的教育、科研、文化、医疗卫生、体育等单位中从事管理的人员；

（五）基层群众性自治组织中从事管理的人员；

（六）其他依法履行公职的人员。

第十六条 各级监察机关按照管理权限管辖本辖区内本法第十五条规定的人员所涉监察事项。

上级监察机关可以办理下一级监察机关管辖范围内的监察事项，必要时也可以办理所辖各级监察机关管辖范围内的监察事项。

监察机关之间对监察事项的管辖有争议的，由其共同的上级监察机关确定。

第十七条 上级监察机关可以将其所管辖的监察事项指定下级监察机关管辖，也可以将下级监察机关有管辖权的监察事项指定给其他监察机关管辖。

监察机关认为所管辖的监察事项重大、复杂，需要由上级监察机关管辖的，可以报请上级监察机关管辖。

第四章 监察权限

第十八条 监察机关行使监督、调查职权，有权依法向有关单位和个人了解情况，收集、调取证据。有关单位和个人应当如实提供。

监察机关及其工作人员对监督、调查过程中知悉的国家秘密、商业秘密、个人隐私，应当保密。

任何单位和个人不得伪造、隐匿或者毁灭证据。

第十九条 对可能发生职务违法的监察对象，监察机关按照管理权限，可以直接或者委托有关机关、人员进行谈话或者要求说明情况。

第二十条 在调查过程中，对涉嫌职务违法的被调查人，监察机关可以要求其就涉嫌违法行为作出陈述，必要时向被调查人出具书面通知。

对涉嫌贪污贿赂、失职渎职等职务犯罪的被调查人，监察机关可以进行讯问，要求其如实供述涉嫌犯罪的情况。

第二十一条 在调查过程中，监察机关可以询问证人等人员。

第二十二条 被调查人涉嫌贪污贿赂、失职渎职等严重职务违法或者职务犯罪，监察机关已经掌握其部分违法犯罪事实及证据，仍有重要问题需要进一步调查，并有下列情形之一的，经监察机关依法审批，可以将其留置在特定场所：

（一）涉及案情重大、复杂的；

（二）可能逃跑、自杀的；

（三）可能串供或者伪造、隐匿、毁灭证据的；

（四）可能有其他妨碍调查行为的。

对涉嫌行贿犯罪或者共同职务犯罪的涉案人员，监察机关可以依照前款规定采取留置措施。

留置场所的设置、管理和监督依照国家有关规定执行。

第二十三条 监察机关调查涉嫌贪污贿赂、失职渎职等严重职务违法或者职务犯罪，根据工作需要，可以依照规定查询、冻结涉案单位和个人的存款、汇款、债券、股票、基金份额等财产。有关单位和个人应当配合。

冻结的财产经查明与案件无关的，应当在查明后三日内解除冻结，予以退还。

第二十四条 监察机关可以对涉嫌职务犯罪的被调查人以及可能隐藏被调查人或者犯罪证据的人的身体、物品、住处和其他有关地方进行搜查。在搜查时，应当出示搜查证，并有被搜查人或者其家属等见证人在场。

搜查女性身体，应当由女性工作人员进行。

监察机关进行搜查时，可以根据工作需要提请公安机关配合。公安机关应当依法予以协助。

第二十五条 监察机关在调查过程中，可以调取、查封、扣押用以证明被调查人涉嫌违法犯罪的财物、文件和电子数据等信息。采取调取、查封、扣押措施，应当收集原物原件，会同持有人或者保管人、见证人，当面逐一拍照、登记、编号，开列清单，由在场人员当场核对、签名，并将清单副本交财物、文件的持有人或者保管人。

对调取、查封、扣押的财物、文件，监察机关应当设立专用账户、专门场所，确定专门人员妥善保管，严格履行交接、调取手续，定期对账核实，不得毁损或者用于其他目的。对价值不明物品应当及时鉴定，专门封存保管。

查封、扣押的财物、文件经查明与案件无关的，应当在查明后三日内解除查封、扣押，予以退还。

第二十六条 监察机关在调查过程中，可以直接或者指派、聘请具有专门知识、资格的人员在调查人员主持下进行勘验检查。勘验检查情况应当制作笔录，由参加勘验检查的人员和见证人签名或者盖章。

第二十七条 监察机关在调查过程中，对于案件中的专门性问题，可以指派、聘请有专门知识的人进行鉴定。鉴定人进行鉴定后，应当出具鉴定意见，并且签名。

第二十八条 监察机关调查涉嫌重大贪污贿赂等职务犯罪，根据需要，经过严格的批准手续，可以采取技术调查措施，按照规定交有关机关执行。

批准决定应当明确采取技术调查措施的种类和适用对象，自签发之日起三个月以内有效；对于复杂、疑难案件，期限届满仍有必要继续采取技术调查措施的，经过批准，有效期可以延长，每次不得超过三个月。对于不需要继续采取技术调查措施的，应当及时解除。

第二十九条 依法应当留置的被调查人如果在逃，监察机关可以决定在本行政区域内通缉，由公安机关发布通缉令，追捕归案。通缉范围超出本行政区域的，应当报请有权决定的上级监察机关决定。

第三十条 监察机关为防止被调查人及相关人员逃匿境外，经省级以上监察机关批准，可以对被调查人及相关人员采取限制出境措施，由公安机关依法执行。对于不需要继续采取限制出境措施的，应当及时解除。

第三十一条 涉嫌职务犯罪的被调查人主动认罪认罚，有下列情形之一的，监察机关经领导人员集体研究，并报上一级监察机关批准，可以在移送人民检察院时提出从宽处罚的建议：

（一）自动投案，真诚悔罪悔过的；

（二）积极配合调查工作，如实供述监察机关还未掌握的违法犯罪行为的；

（三）积极退赃，减少损失的；

（四）具有重大立功表现或者案件涉及国家重大利益等情形的。

第三十二条 职务违法犯罪的涉案人员揭发有关被调查人职务违法犯罪行为，查证属实的，或者提供重要线索，有助于调查其他案件的，监察机关经领导人员集体研究，并报上一级监察机关批准，可以在移送人民检察院时提出从宽处罚的建议。

第三十三条 监察机关依照本法规定收集的物证、书证、证人证言、被调查人供述和辩解、视听资料、电子数据等证据材料，在刑事诉讼中可以作为证据使用。

监察机关在收集、固定、审查、运用证据时，应当与刑事审判关于证据的要求和标准相一致。

以非法方法收集的证据应当依法予以排除，不得作为案件处置的依据。

第三十四条 人民法院、人民检察院、公安机关、审计机关等国家机关在工作中发现公职人员涉嫌贪污贿赂、失职渎职等职务违法或者职务犯罪的问题线索，应当移送监察机关，由监察机关依法调查处置。

被调查人既涉嫌严重职务违法或者职务犯罪，又涉嫌其他违法犯罪的，一般应当由监察机关为主调查，其他机关予以协助。

第五章 监察程序

第三十五条 监察机关对于报案或者举报，应当接受并按照有关规定处理。对于不属于本机关管辖的，应当移送主管机关处理。

第三十六条 监察机关应当严格按照程序开展工作，建立问题线索处置、调查、审理各部门相互协调、相互制约的工作机制。

监察机关应当加强对调查、处置工作全过程的监督管理，设立相应的工作部门履行线索管理、监督检查、督促办理、统计分析等管理协调职能。

第三十七条 监察机关对监察对象的问题线索，应当按照有关规定提出处置意见，履行审批手续，进行分类办理。线索处置情况应当定期汇总、通报，定期检查、抽查。

第三十八条 需要采取初步核实方式处置问题线索的，监察机关应当依法履行审批程序，成立核查组。初步核实工作结束后，核查组应当撰写初步核实情况报告，提出处理建议。承办部门应当提出分类处理意见。初步核实情况报告和分类处理意见报监察机关主要负责人审批。

第三十九条 经过初步核实，对监察对象涉嫌职务违法犯罪，需要追究法律责任的，监察机关应当按照规定的权限和程序办理立案手续。

监察机关主要负责人依法批准立案后，应当主持召开专题会议，研究确定调查方案，决定需要采取的调查措施。

立案调查决定应当向被调查人宣布，并通报相关组织。涉嫌严重职务违法或者职务犯罪的，应当通知被调查人家属，并向社会公开发布。

第四十条 监察机关对职务违法和职务犯罪案件，应当进行调查，收集被调查人有无违法犯罪以及情节轻重的证据，查明违法犯罪事实，形成相互印证、完整稳定的证据链。

严禁以威胁、引诱、欺骗及其他非法方式收集证据，严禁侮辱、打骂、虐待、体罚或者变相体罚被调查人和涉案人员。

第四十一条 调查人员采取讯问、询问、留置、搜查、调取、查封、扣押、勘验检查等调查措施，均应当依照规定出示证件，出具书面通知，由二人以上进行，形成笔录、报告等书面材料，并由相关人员签名、盖章。

调查人员进行讯问以及搜查、查封、扣押等重要取证工作，应当对全过程进行录音录像，留存备查。

第四十二条 调查人员应当严格执行调查方案，不得随意扩大调查范围、变更调查对象和事项。

对调查过程中的重要事项，应当集体研究后按程序请示报告。

第四十三条 监察机关采取留置措施，应当由监察机关领导人员集体研究决定。设区的市级以下监察机关采取留置措施，应当报上一级监察机关批准。省级监察机关采取留置措施，应当报国家监察委员会备案。

留置时间不得超过三个月。在特殊情况下，可以延长一次，延长时间不得超过三个月。省级以下监察机关采取留置措施的，延长留置时间应当报上一级监察机关批准。监察机关发现采取留置措施不当的，应当及时解除。

监察机关采取留置措施，可以根据工作需要提请公安机关配合。公安机关应当依法予以协助。

第四十四条 对被调查人采取留置措施后，应当在二十四小时以内，通知被留置人员所在单位和家属，但有可能毁灭、伪造证据，干扰证人作证或者串供等有碍调查情形的除外。有碍调查的情形消失后，应当立即通知被留置人员所在单位和家属。

监察机关应当保障被留置人员的饮食、休息和安全，提供医疗服务。讯问被留置人员应当合理安排讯问时间和时长，讯问笔录由被讯问人阅看后签名。

被留置人员涉嫌犯罪移送司法机关后，被依法判处管制、拘役和有期徒刑的，留置一日折抵管制二日，折抵拘役、有期徒刑一日。

第四十五条 监察机关根据监督、调查结果，依法作出如下处置：

（一）对有职务违法行为但情节较轻的公职人员，按照管理权限，直接或者委托有关机关、人员，进行谈话提醒、批评教育、责令检查，或者予以诫勉；

（二）对违法的公职人员依照法定程序作出警告、记过、记大过、降级、撤职、开除等政务处分决定；

（三）对不履行或者不正确履行职责负有责任的领导人员，按照管理权限对其直接作出问责决定，或者向有权作出问责决定的机关提出问责建议；

（四）对涉嫌职务犯罪的，监察机关经调查认为犯罪事实清楚，证据确实、充分的，制作起诉意见书，连同案卷材料、证据一并移送人民检察院依法审查、提起公诉；

（五）对监察对象所在单位廉政建设和履行职责存在的问题等提出监察建议。

监察机关经调查，对没有证据证明被调查人存在违法犯罪行为的，应当撤销案件，并通知被调查人所在单位。

第四十六条 监察机关经调查，对违法取得的财物，依法予以没收、追缴或者责令退赔；对涉嫌犯罪取得的财物，应当随案移送人民检察院。

第四十七条 对监察机关移送的案件，人民检察院依照《中华人民共和国刑事诉讼法》对被调查人采取强制措施。

人民检察院经审查，认为犯罪事实已经查清，证据确实、充分，依法应当追究刑事责任的，应当作出起诉决定。

人民检察院经审查，认为需要补充核实的，应当退回监察机关补充调查，必要时可以自行补充侦查。对于补充调查的案件，应当在一个月内补充调查完毕。补充调查以二次为限。

人民检察院对于有《中华人民共和国刑事诉讼法》规定的不起诉的情形的，经上一级人民检察院批准，依法作出不起诉的决定。监察机关认为不起诉的决定有错误的，可以向上一级人民检察院提请复议。

第四十八条 监察机关在调查贪污贿赂、失职渎职等职务犯罪案件过程中，被调查人逃匿或者死亡，有必要继续调查的，经省级以上监察机关批准，应当继续调查并作出结论。被调查人逃匿，在通缉一年后不能到案，或者死亡的，由监察机关提请人民检察院依照法定程序，向人民法院提出没收违法所得的申请。

第四十九条 监察对象对监察机关作出的涉及本人的处理决定不服的，可以在收到处理决定之日起一个月内，向作出决定的监察机关申请复审，复审机关应当在一个月内作出复审决定；监察对象对复审决定仍不服的，可以在收到复审决定之日起一个月内，向上一级监察机关申请复核，复核机关应当在二个月内作出复核决定。复审、复核期间，不停止原处理决定的执行。复核机关经审查，认定处理决定有错误的，原处理机关应当及时予以纠正。

第六章 反腐败国际合作

第五十条 国家监察委员会统筹协调与其他国家、地区、国际组织开展的反腐败国际交流、合作，组织反腐败国际条约实施工作。

第五十一条 国家监察委员会组织协调有关方面加强与有关国家、地区、国际组织在反腐败执法、引渡、司法协助、被判刑人的移管、资产追回和信息交流等领域的合作。

第五十二条 国家监察委员会加强对反腐败国际追逃追赃和防逃工作的组织协调，督促有关单位做好相关工作：

（一）对于重大贪污贿赂、失职渎职等职务犯罪案件，被调查人逃匿到国（境）外，掌握证据比较确凿的，通过开展境外追逃合作，追捕归案；

（二）向赃款赃物所在国请求查询、冻结、扣押、没收、追缴、返还涉案资产；

（三）查询、监控涉嫌职务犯罪的公职人员及其相关人员进出国（境）和跨境资金流动情况，在调查案件过程中设置防逃程序。

第七章 对监察机关和监察人员的监督

第五十三条 各级监察委员会应当接受本级人民代表大会及其常务委员会的监督。

各级人民代表大会常务委员会听取和审议本级监察委员会的专项工作报告，组织执法检查。

县级以上各级人民代表大会及其常务委员会举行会议时，人民代表大会代表或者常务委员会组成人员可以依照法律规定的程序，就监察工作中的有关问题提出询问或者质询。

第五十四条 监察机关应当依法公开监察工作信息，接受民主监督、社会监督、舆论监督。

第五十五条 监察机关通过设立内部专门的监督机构等方式，加强对监察人员执行职务和遵守法律情况的监督，建设忠诚、干净、担当的监察队伍。

第五十六条 监察人员必须模范遵守宪法和法律，忠于职守、秉公执法，清正廉洁、保守秘密；必须具有良好的政治素质，熟悉监察业务，具备运用法律、法规、政策和调查取证等能力，自觉接受监督。

第五十七条 对于监察人员打听案情、过问案件、说情干预的，办理监察事项的监察人员应当及时报告。有关情况应当登记备案。

发现办理监察事项的监察人员未经批准接触被调查人、涉案人员及其特定关系人，或者存在交往情形的，知情人应当及时报告。有关情况应当登记备案。

第五十八条 办理监察事项的监察人员有下列情形之一的，应当自行回避，监察对象、检举人及其他有关人员也有权要求其回避：

（一）是监察对象或者检举人的近亲属的；

（二）担任过本案的证人的；

（三）本人或者其近亲属与办理的监察事项有利害关系的；

（四）有可能影响监察事项公正处理的其他情形的。

第五十九条 监察机关涉密人员离岗离职后，应当遵守脱密期管理规定，严格履行保密义务，不得泄露相关秘密。

监察人员辞职、退休三年内，不得从事与监察和司法工作相关联且可能发生利益冲突的职业。

第六十条 监察机关及其工作人员有下列行为之一的，被调查人及其近亲属有权向该机关申诉：

（一）留置法定期限届满，不予以解除的；

（二）查封、扣押、冻结与案件无关的财物的；

（三）应当解除查封、扣押、冻结措施而不解除的；

（四）贪污、挪用、私分、调换以及违反规定使用查封、扣押、冻结的财物的；

（五）其他违反法律法规、侵害被调查人合法权益的行为。

受理申诉的监察机关应当在受理申诉之日起一个月内作出处理决定。申诉人对处理决定不服的，可以在收到处理决定之日起一个月内向上一级监察机关申请复查，上一级监察机关应当在收到复查申请之日起二个月内作出处理决定，情况属实的，及时予以纠正。

第六十一条 对调查工作结束后发现立案依据不充分或者失实，案件处置出现重大失误，监察人员严重违法的，应当追究负有责任的领导人员和直接责任人员的责任。

第八章 法律责任

第六十二条 有关单位拒不执行监察机关作出的处理决定，或者无正当理由拒不采纳监察建议的，由其主管部门、上级机关责令改正，对单位给予通报批评；对负有责任的领导人员和直接责任人员依法给予处理。

第六十三条 有关人员违反本法规定，有下列行为之一的，由其所在单位、主管部门、上级机关或者监察机关责令改正，依法给予处理：

（一）不按要求提供有关材料，拒绝、阻碍调查措施实施等拒不配合监察机关调查的；

（二）提供虚假情况，掩盖事实真相的；

（三）串供或者伪造、隐匿、毁灭证据的；

（四）阻止他人揭发检举、提供证据的；

（五）其他违反本法规定的行为，情节严重的。

第六十四条 监察对象对控告人、检举人、证人或者监察人员进行报复陷害的；控告人、检举人、证人捏造事实诬告陷害监察对象的，依法给予处理。

第六十五条 监察机关及其工作人员有下列行为之一的，对负有责任的领导人员和直接责任人员依法给予处理：

（一）未经批准、授权处置问题线索，发现重大案情隐瞒不报，或者私自留存、处理涉案材料的；

（二）利用职权或者职务上的影响干预调查工作、以案谋私的；

（三）违法窃取、泄露调查工作信息，或者泄露举报事项、举报受理情况以及举报人信息的；

（四）对被调查人或者涉案人员逼供、诱供，或者侮辱、打骂、虐待、体罚或者变相体罚的；

（五）违反规定处置查封、扣押、冻结的财物的；

（六）违反规定发生办案安全事故，或者发生安全事故后隐瞒不报、报告失实、处置不当的；

（七）违反规定采取留置措施的；

（八）违反规定限制他人出境，或者不按规定解除出境限制的；

（九）其他滥用职权、玩忽职守、徇私舞弊的行为。

第六十六条 违反本法规定，构成犯罪的，依法追究刑事责任。

第六十七条 监察机关及其工作人员行使职权，侵犯公民、法人和其他组织的合法权益造成损害的，依法给予国家赔偿。

第九章 附 则

第六十八条 中国人民解放军和中国人民武装警察部队开展监察工作，由中央军事委员会根据本法制定具体规定。

第六十九条 本法自公布之日起施行。《中华人民共和国行政监察法》同时废止。

中华人民共和国人民陪审员法

（2018年4月27日第十三届全国人民代表大会
常务委员会第二次会议通过）

第一条 为了保障公民依法参加审判活动，促进司法公正，提升司法公信，制定本法。

第二条 公民有依法担任人民陪审员的权利和义务。

人民陪审员依照本法产生，依法参加人民法院的审判活动，除法律另有规定外，同法官有同等权利。

第三条 人民陪审员依法享有参加审判活动、独立发表意见、获得履职保障等权利。

人民陪审员应当忠实履行审判职责，保守审判秘密，注重司法礼仪，维护司法形象。

第四条 人民陪审员依法参加审判活动，受法律保护。

人民法院应当依法保障人民陪审员履行审判职责。

人民陪审员所在单位、户籍所在地或者经常居住地的基层群众性自治组织应当依法保障人民陪审员参加审判活动。

第五条 公民担任人民陪审员，应当具备下列条件：

（一）拥护中华人民共和国宪法；

（二）年满二十八周岁；

（三）遵纪守法、品行良好、公道正派；

（四）具有正常履行职责的身体条件。

担任人民陪审员，一般应当具有高中以上文化程度。

第六条 下列人员不能担任人民陪审员：

（一）人民代表大会常务委员会的组成人员，监察委员会、人民法院、人民检察院、公安机关、国家安全机关、司法行政机关的工作人员；

（二）律师、公证员、仲裁员、基层法律服务工作者；

（三）其他因职务原因不适宜担任人民陪审员的人员。

第七条 有下列情形之一的，不得担任人民陪审员：

（一）受过刑事处罚的；

（二）被开除公职的；

（三）被吊销律师、公证员执业证书的；

（四）被纳入失信被执行人名单的；

（五）因受惩戒被免除人民陪审员职务的；

（六）其他有严重违法违纪行为，可能影响司法公信的。

第八条 人民陪审员的名额，由基层人民法院根据审判案件的需要，提请同级人民代表大会常务委员会确定。

人民陪审员的名额数不低于本院法官数的三倍。

第九条 司法行政机关会同基层人民法院、公安机关，从辖区内的常住居民名单中随机抽选拟任命人民陪审员数五倍以上的人员作为人民陪审员候选人，对人民陪审员候选人进行资格审查，征求候选人意见。

第十条 司法行政机关会同基层人民法院，从通过资格审查的人民陪审员候选人名单中随机抽选确定人民陪审员人选，由基层人民法院院长提请同级人民代表大会常务委员会任命。

第十一条 因审判活动需要，可以通过个人申请和所在单位、户籍所在地或者经常居住地的基层群众性自治组织、人民团体推荐的方式产生人民陪审员候选人，经司法行政机关会同基层人民法院、公安机关进行资格审查，确定人民陪审员人选，由基层人民法院院长提请同级人民代表大会常务委员会任命。

依照前款规定产生的人民陪审员，不得超过人民陪审员名额数的五分之一。

第十二条 人民陪审员经人民代表大会常务委员会任命后，应当公开进行就职宣誓。宣誓仪式由基层人民法院会同司法行政机关组织。

第十三条 人民陪审员的任期为五年，一般不得连任。

第十四条 人民陪审员和法官组成合议庭审判案件，由法官担任审判长，可以组成三人合议庭，也可以由法官三人与人民陪审员四人组成七人合议庭。

第十五条 人民法院审判第一审刑事、民事、行政案件，有下列情形之一的，由人民陪审员和法官组成合议庭进行：

（一）涉及群体利益、公共利益的；

（二）人民群众广泛关注或者其他社会影响较大的；

（三）案情复杂或者有其他情形，需要由人民陪审员参加审判的。

人民法院审判前款规定的案件，法律规定由法官独任审理或者由法官组成合议庭审理的，从其规定。

第十六条 人民法院审判下列第一审案件，由人民陪审员和法官组成七人合议庭进行：

（一）可能判处十年以上有期徒刑、无期徒刑、死刑，社会影响重大的刑事案件；

（二）根据民事诉讼法、行政诉讼法提起的公益诉讼案件；

（三）涉及征地拆迁、生态环境保护、食品药品安全，社会影响重大的案件；

（四）其他社会影响重大的案件。

第十七条 第一审刑事案件被告人、民事案件原告或者被告、行政案件原告申请由人民陪审员参加合议庭审判的，人民法院可以决定由人民陪审员和法官组成合议庭审判。

第十八条 人民陪审员的回避，适用审判人员回避的法律规定。

第十九条 基层人民法院审判案件需要由人民陪审员参加合议庭审判的，应当在人民陪审员名单中随机抽取确定。

中级人民法院、高级人民法院审判案件需要由人民陪审员参加合议庭审判的，在其辖区内的基层人民法院的人民陪审员名单中随机抽取确定。

第二十条 审判长应当履行与案件审判相关的指引、提示义务，但不得妨碍人民陪审员对案件的独立判断。

合议庭评议案件，审判长应当对本案中涉及的事实认定、证据规则、法律规定等事项及应当注意的问题，向人民陪审员进行必要的解释和说明。

第二十一条 人民陪审员参加三人合议庭审判案件，对事实认定、法律适用，独立发表意见，行使表决权。

第二十二条 人民陪审员参加七人合议庭审判案件，对事实认定，独立发表意见，并与法官共同表决；对法律适用，可以发表意见，但不参加表决。

第二十三条 合议庭评议案件，实行少数服从多数的原则。人民陪审员同合议庭其他组成人员意见分歧的，应当将其意见写入笔录。

合议庭组成人员意见有重大分歧的，人民陪审员或者法官可以要求合议庭将案件提请院长决定是否提交审判委员会讨论决定。

第二十四条 人民法院应当结合本辖区实际情况，合理确定每名人民陪审员年度参加审判案件的数量上限，并向社会公告。

第二十五条 人民陪审员的培训、考核和奖惩等日常管理工作，由基层人民法院会同司法行政机关负责。

对人民陪审员应当有计划地进行培训。人民陪审员应当按照要求参加培训。

第二十六条 对于在审判工作中有显著成绩或者有其他突出事迹的人民陪审员，依照有关规定给予表彰和奖励。

第二十七条 人民陪审员有下列情形之一，经所在基层人民法院会同司法行政机关查证属实的，由院长提请同级人民代表大会常务委员会免除其人民陪审员职务：

（一）本人因正当理由申请辞去人民陪审员职务的；

（二）具有本法第六条、第七条所列情形之一的；

（三）无正当理由，拒绝参加审判活动，影响审判工作正常进行的；

（四）违反与审判工作有关的法律及相关规定，徇私舞弊，造成错误裁判或者其他严重后果的。

人民陪审员有前款第三项、第四项所列行为的，可以采取通知其所在单位、户籍所在地或者经常居住地的基层群众性自治组织、人民团体，在辖区范围内公开通报等措施进行惩戒；构成犯罪的，依法追究刑事责任。

第二十八条 人民陪审员的人身和住所安全受法律保护。任何单位和个人不得对人民陪审员及其近亲属打击报复。

对报复陷害、侮辱诽谤、暴力侵害人民陪审员及其近亲属的，依法追究法律责任。

第二十九条 人民陪审员参加审判活动期间，所在单位不得克扣或者变相克扣其工资、奖金及其他福利待遇。

人民陪审员所在单位违反前款规定的，基层人民法院应当及时向人民陪审员所在单位或者所在单位的主管部门、上级部门提出纠正意见。

第三十条 人民陪审员参加审判活动期间，由人民法院依照有关规定按实际工作日给予补助。

人民陪审员因参加审判活动而支出的交通、就餐等费用，由人民法院依照有关规定给予补助。

第三十一条 人民陪审员因参加审判活动应当享受的补助，人民法院和司法行政机关为实施人民陪审员制度所必需的开支，列入人民法院和司法行政机关业务经费，由相应政府财政予以保障。具体办法由最高人民法院、国务院司法行政部门会同国务院财政部门制定。

第三十二条 本法自公布之日起施行。2004 年 8 月 28 日第十届全国人民代表大会常务委员会第十一次会议通过的《全国人民代表大会常务委员会关于完善人民陪审员制度的决定》同时废止。

关于《中华人民共和国人民陪审员法（草案）》的说明

——2017年12月22日在第十二届全国人民代表大会常务委员会第三十一次会议上

最高人民法院院长 周 强

委员长、各位副委员长、秘书长、各位委员：

我代表最高人民法院，作关于《中华人民共和国人民陪审员法（草案）》的说明。

一、制定人民陪审员法的重要性和必要性

党的十九大报告强调，要健全人民当家作主制度体系，发展社会主义民主政治。人民陪审员制度是社会主义民主政治的重要内容，是中国特色社会主义司法制度的重要组成部分，也是社会主义民主制度在司法领域的重要体现。人民群众是依法治国的基本力量，人民陪审员制度是人民群众了解司法、参与司法、监督司法的直接形式，也是人民法院弘扬司法民主、促进司法公开、保障司法公正、增强司法公信的有力保证。制定一部专门的人民陪审员法，有利于扩大司法领域的人民民主，切实保障人民群众对审判工作的知情权、参与权、监督权，更好地体现人民当家作主；有利于弘扬社会主义核心价值观和法治精神，促进全民守法、营造依法治国的浓厚氛围；有利于架起人民法院与人民群众的沟通桥梁，形成法官和人民陪审员的优势互补，实现司法专业化判断与群众对公正认知的有机统一，让人民群众在每一个司法案件中感受到公平正义。

我国现行的人民陪审员制度，是以全国人大常委会2004年审议通过的

《关于完善人民陪审员制度的决定》（以下简称《决定》）为核心，包括人民法院组织法以及民事、刑事、行政诉讼法相关法律规定、司法解释、政策文件所构成的制度体系。长期以来，人民陪审员制度在推进司法民主、促进司法公正、提高司法公信等方面一直发挥着重要作用，但仍存在一些需要改进和完善的地方，如人民陪审员的广泛性和代表性不足，“驻庭陪审、编外法官”“陪而不审、审而不议”现象仍然存在，管理机制不健全，履职保障机制不完善等。党的十八届三中全会决定指出，要广泛实行人民陪审员制度，拓宽人民群众有序参与司法的渠道。四中全会决定进一步提出，完善人民陪审员制度，保障公民陪审权利，提高人民陪审制度公信度，逐步实行人民陪审员不再审理法律适用问题，只参与审理事实认定问题。这些都为人民陪审员制度改革提出了明确方向和政策要求。

根据中央深改组审议通过的《人民陪审员制度改革试点方案》（以下简称《试点方案》）和全国人大常委会《关于授权在部分地区开展人民陪审员制度改革试点工作的决定》，2015 年 5 月，最高人民法院和司法部联合发布《人民陪审员制度改革试点工作实施办法》（以下简称《试点办法》），开始了新一轮人民陪审员制度改革试点。为了进一步研究试点改革中的有关问题，2017 年 4 月，全国人大常委会决定，试点期限延长一年。试点期满，最高人民法院应当就试点情况向全国人民代表大会常务委员会作出报告。对实践证明可行的，最高人民法院应当会同有关方面提出修改相关法律的意见；对实践证明不宜调整的，恢复施行有关法律规定。两年多来，各试点法院积极扩大选任范围、完善参审机制、合理区分事实审和法律审、健全保障机制，试点工作成效显著。在试点过程中，有不少人大代表、政协委员、专家学者提出，人民陪审员制度是我国社会主义民主政治的重要组成部分，建议在宪法中增加人民陪审员制度相关条款，同时，在总结改革试点经验的基础上，制定专门的人民陪审员法。在当前形势下，制定一部专门的人民陪审员法，既是完善中国特色社会主义法律体系的必然要求，也是充分发挥人民陪审员制度功能作用的客观需要。特别是经过两年多试点，各地法院已经探索出许多可复制、可推广的经验做法，其中所涉重点难点问题也基本形成共识，立法条件已经具备。

二、制定人民陪审员法的基本原则

（一）充分保障人民群众参与司法的民主权利

宪法规定，人民依照法律规定，通过各种途径和形式，管理国家事务，管理经济和文化事业，管理社会事务。党的十九大报告强调，要体现人民意志、保障人民权益，激发人民创造活力，用制度体系保证人民当家作主。经过法定的选任条件和程序，担任人民陪审员参与司法事务的管理是公民的一项重要民主权利，草案从不同角度对公民的该项权利给予充分保障。草案规定，公民有依法担任人民陪审员的权利和义务。人民陪审员依法享有参加审判活动、独立发表意见、获得履职保障等权利。人民法院应当依法保障人民陪审员参加审判活动，人民陪审员所在单位、户籍所在地或者经常居住地的基层组织应当依法保障人民陪审员参加审判活动。

（二）坚持人民陪审员选任的广泛性和代表性

人民陪审员的选任应当注意吸收普通群众，兼顾社会各阶层人员的结构比例，注意吸收社会不同行业、职业、年龄、民族、性别的人员，实现人民陪审员的广泛性和代表性。按照《试点方案》的要求，推行人民陪审员选任的“一升一降”（提升年龄、降低学历）和“三个随机”（随机抽取人民陪审员候选人、随机抽取确定人民陪审员人选、随机抽取人民陪审员审理具体案件），主要就是为了体现人民陪审员选任的广泛性和代表性，并已取得预期效果。因此，草案将这些要求予以明确规定，但考虑到部分地方选任上的实际困难，仍然部分保留个人申请和组织推荐产生人民陪审员的方式。

（三）强调充分发挥人民陪审员的参审作用

草案以解决“陪而不审、审而不议”问题，充分发挥人民陪审员的参审作用为导向，合理界定人民陪审员参审范围，明确人民陪审员参与案件审理的程序和要求；妥善区分事实审和法律审，在七人合议庭中，实行人民陪审员不再审理法律适用问题，只参与审理事实认定问题；同时加大审判长对人民陪审员的指引、提示力度，强调法官对人民陪审员行使权力的保障义务，但不得影响人民陪审员的独立判断。

三、涉及的重点问题

（一）关于人民陪审员选任

一是放宽选任入口。草案在总结改革试点经验的基础上，将学历要求从原有的大专以上降低到一般具有高中以上文化程度，就是要让更大范围的群众有机会选任人民陪审员。同时，法官员额制改革后，实践中担任员额法官的年龄一般需要二十八周岁以上（本科毕业二十三岁左右，从事法律工作五年以上），并考虑到提高年龄要求有利于更好地发挥陪审员富有社会阅历、了解社情民意的优势，将担任人民陪审员的年龄从二十三周岁提高到二十八周岁。二是改革选任方式。《试点方案》和《试点办法》要求陪审员全部随机抽选产生，在实践中产生了不少争议。部分全国人大代表和不少地方法院都主张保留个人申请和组织推荐方式。草案第八条规定，陪审员应当是随机抽选产生的，在此前提下，因审判活动需要，一定比例的人民陪审员可以通过个人申请和组织推荐的方式产生。具体办法由最高人民法院制定。三是明确随机抽选来源。在试点过程中，由于选民名单五年才更新一次，信息滞后严重。在实践中，人民陪审员选任大多是从当地公安机关提供的常住居民名单中随机抽取候选人。故草案第八条规定，“人民陪审员从符合条件的当地常住居民名单中随机抽选”，而不是从选民名单中随机抽选产生。同时，草案第九条明确规定公安机关应当向基层人民法院提供当地常住居民名单，并根据其掌握的犯罪记录信息对有无犯罪记录进行审核。

（二）关于事实审和法律审区分

人民陪审员参加的合议庭组成采用两种模式：一是原有的三人合议庭继续保留，二是增设七人合议庭。之所以没有选择五人或九人及以上的合议庭组成模式，主要是考虑到在区分事实审和法律审的前提下，采用五人合议庭，法官人数至少要保证三人，人民陪审员则仅有两人，在合议庭内人数较少，难以发挥有效、实质参审的应有作用；采用七人合议庭，一方面是七人合议庭已能满足审理重大案件的需要，法庭设施也不需要大规模改造；另一方面，七人合议庭中人民陪审员四人和法官三人，数量配比相对平衡，如果合议庭人数为九人及以上，既会加剧人民法院“案多人少”的工作负担，加大陪审成本，又会影响审判活动的效率。同时，刑事诉讼法第一百七十八条规定，高级法院、最高人民法院审理一审案件可以由审判员和人民陪审员三人至七人组成合议庭，也是设置七人合议庭的参考依据。

在三人合议庭中，以不区分事实审与法律审为宜，人民陪审员与法官有同等权利；对一些社会影响重大的案件，由三名法官和四名人民陪审员组成七人合议庭，人民陪审员在法官的指引下只参与审理事实认定问题，不审理法律适用问题。因此，草案第二十条、第二十一条对三人合议庭与七人合议庭的评议规则分别作出规定，三人合议庭不区分事实审和法律审，七人合议庭审判案件时，人民陪审员只参与审理事实认定问题，不参与审理法律适用问题。

（三）关于参审范围

合理界定人民陪审员参审案件的范围，既要让陪审制度在国家治理和司法体系中发挥应有作用，又要解决实践中长期存在的“陪而不审、审而不议”等问题。草案第十四条为一般规定，即涉及群体利益、公共利益、人民群众广泛关注的以及其他社会影响较大的第一审刑事、民事、行政案件，均可以适用陪审制，法律规定由法官独任审理或者由法官组成合议庭审理的除外，这一表述是对2004年《决定》第二条第一项“社会影响较大的刑事、民事、行政案件”的具体化；第十五条进一步明确七人合议庭的案件参审范围，并作了类型化处理，第一类是社会影响重大的可能判处十年以上有期徒刑、无期徒刑的刑事案件；第二类是行政诉讼法和民事诉讼法规定的公益诉讼案件；第三类是其他涉及征地拆迁、环境保护、食品药品安全等社会公共利益的重大案件。除了上述规定，参审范围还包括当事人申请适用的案件。

（四）关于退出和惩戒机制

草案第二十六条保留了《决定》第十七条的规定，同时参考《试点办法》第二十七条，规定人民陪审员有该条第一款第二项、第四项所列行为，可以采取通知所在单位、户籍所在地或者经常居住地的基层组织，在辖区范围内公开通报等措施进行惩戒。

（五）关于履职保障

草案第二十七条第一、三款保留了《决定》第二十八条第二、三款的规定，同时参考2005年《最高人民法院关于人民陪审员管理办法（试行）》第四十条，增加一款规定“人民陪审员所在单位违反前款规定的，基层人民法院应当及时向人民陪审员所在单位，或所在单位的主管部门，或所在单位的上级部门提出纠正意见。”该款规定主要是为了明确人民陪审员所在单位的保障责任。

另外，草案第二十八条第一款中对“人民陪审员因参加审判活动而支出的交通、就餐等费用”的补助标准明确为参照当地国家机关一般工作人员的出差补助标准。第二款明确将人民陪审员人身意外伤害保险费纳入当年业务经费预算，旨在解决人民陪审员在参审途中或参审时发生意外的赔偿问题。

（六）其他内容

关于人民陪审员任期。草案第十二条第一款规定，人民陪审员的任期为五年。任期届满后，人民陪审员职务自动免除，一般不得连任。该规定旨在让更多的公民参与到审判活动中。

关于提交审委会讨论规则。草案第二十二条规定，合议庭成员意见有重大分歧的，人民陪审员或法官可以要求合议庭将案件提请院长决定是否提交审判委员会讨论决定。这一规定赋予了法官和人民陪审员对等的审判权力，同时又可以最大程度上保证案件的质量和效率。

关于参审案件数上限。为了有效防止“驻庭陪审员”“编外法官”的出现，设定每位人民陪审员的年度参审数上限是有必要的。因此，草案第二十三条还规定，人民法院应当结合本辖区实际情况，合理确定每名人民陪审员年度参与审判案件的数量上限，并向社会公告。

《中华人民共和国人民陪审员法（草案）》和以上说明是否妥当，请予审议。

中华人民共和国英雄烈士保护法

（2018 年 4 月 27 日第十三届全国人民代表大会常务委员会第二次会议通过）

第一条 为了加强对英雄烈士的保护，维护社会公共利益，传承和弘扬英雄烈士精神、爱国主义精神，培育和践行社会主义核心价值观，激发实现中华民族伟大复兴中国梦的强大精神力量，根据宪法，制定本法。

第二条 国家和人民永远尊崇、铭记英雄烈士为国家、人民和民族作出的牺牲和贡献。

近代以来，为了争取民族独立和人民解放，实现国家富强和人民幸福，促进世界和平和人类进步而毕生奋斗、英勇献身的英雄烈士，功勋彪炳史册，精神永垂不朽。

第三条 英雄烈士事迹和精神是中华民族的共同历史记忆和社会主义核心价值观的重要体现。

国家保护英雄烈士，对英雄烈士予以褒扬、纪念，加强对英雄烈士事迹和精神的宣传、教育，维护英雄烈士尊严和合法权益。

全社会都应当崇尚、学习、捍卫英雄烈士。

第四条 各级人民政府应当加强对英雄烈士的保护，将宣传、弘扬英雄烈士事迹和精神作为社会主义精神文明建设的重要内容。

县级以上人民政府负责英雄烈士保护工作的部门和其他有关部门应当依法履行职责，做好英雄烈士保护工作。

军队有关部门按照国务院、中央军事委员会的规定，做好英雄烈士保护工作。

县级以上人民政府应当将英雄烈士保护工作经费列入本级预算。

第五条 每年9月30日为烈士纪念日，国家在首都北京天安门广场人民英雄纪念碑前举行纪念仪式，缅怀英雄烈士。

县级以上地方人民政府、军队有关部门应当在烈士纪念日举行纪念活动。

举行英雄烈士纪念活动，邀请英雄烈士遗属代表参加。

第六条 在清明节和重要纪念日，机关、团体、乡村、社区、学校、企业事业单位和军队有关单位根据实际情况，组织开展英雄烈士纪念活动。

第七条 国家建立并保护英雄烈士纪念设施，纪念、缅怀英雄烈士。

矗立在首都北京天安门广场的人民英雄纪念碑，是近代以来中国人民和中华民族争取民族独立解放、人民自由幸福和国家繁荣富强精神的象征，是国家和人民纪念、缅怀英雄烈士的永久性纪念设施。

人民英雄纪念碑及其名称、碑题、碑文、浮雕、图形、标志等受法律保护。

第八条 县级以上人民政府应当将英雄烈士纪念设施建设和保护纳入国民经济和社会发展规划、城乡规划，加强对英雄烈士纪念设施的保护和管理；对具有重要纪念意义、教育意义的英雄烈士纪念设施依照《中华人民共和国文物保护法》的规定，核定公布为文物保护单位。

中央财政对革命老区、民族地区、边疆地区、贫困地区英雄烈士纪念设施的修缮保护，应当按照国家规定予以补助。

第九条 英雄烈士纪念设施应当免费向社会开放，供公众瞻仰、悼念英雄烈士，开展纪念教育活动，告慰先烈英灵。

前款规定的纪念设施由军队有关单位管理的，按照军队有关规定实行开放。

第十条 英雄烈士纪念设施保护单位应当健全服务和管理工作规范，方便瞻仰、悼念英雄烈士，保持英雄烈士纪念设施庄严、肃穆、清净的环境和氛围。

任何组织和个人不得在英雄烈士纪念设施保护范围内从事有损纪念英雄烈士环境和氛围的活动，不得侵占英雄烈士纪念设施保护范围内的土地和设施，不得破坏、污损英雄烈士纪念设施。

第十一条 安葬英雄烈士时，县级以上人民政府、军队有关部门应当举行庄严、肃穆、文明、节俭的送迎、安葬仪式。

第十二条 国家建立健全英雄烈士祭扫制度和礼仪规范，引导公民庄严有序地开展祭扫活动。

县级以上人民政府有关部门应当为英雄烈士遗属祭扫提供便利。

第十三条 县级以上人民政府有关部门应当引导公民通过瞻仰英雄烈士纪念设施、集体宣誓、网上祭奠等形式，铭记英雄烈士的事迹，传承和弘扬英雄烈士的精神。

第十四条 英雄烈士在国外安葬的，中华人民共和国驻该国外交、领事代表机构应当结合驻在国实际情况组织开展祭扫活动。

国家通过与有关国家的合作，查找、收集英雄烈士遗骸、遗物和史料，加强对位于国外的英雄烈士纪念设施的修缮保护工作。

第十五条 国家鼓励和支持开展对英雄烈士事迹和精神的研究，以辩证唯物主义和历史唯物主义为指导认识和记述历史。

第十六条 各级人民政府、军队有关部门应当加强对英雄烈士遗物、史料的收集、保护和陈列展示工作，组织开展英雄烈士史料的研究、编纂和宣传工作。

国家鼓励和支持革命老区发挥当地资源优势，开展英雄烈士事迹和精神的研究、宣传和教育工作。

第十七条 教育行政部门应当以青少年学生为重点，将英雄烈士事迹和精神的宣传教育纳入国民教育体系。

教育行政部门、各级各类学校应当将英雄烈士事迹和精神纳入教育内容，组织开展纪念教育活动，加强对学生的爱国主义、集体主义、社会主义教育。

第十八条 文化、新闻出版、广播电视、电影、网信等部门应当鼓励和支持以英雄烈士事迹为题材、弘扬英雄烈士精神的优秀文学艺术作品、广播电视节目以及出版物的创作生产和宣传推广。

第十九条 广播电台、电视台、报刊出版单位、互联网信息服务提供者，应当通过播放或者刊登英雄烈士题材作品、发布公益广告、开设专栏等方式，广泛宣传英雄烈士事迹和精神。

第二十条 国家鼓励和支持自然人、法人和非法人组织以捐赠财产、义务宣讲英雄烈士事迹和精神、帮扶英雄烈士遗属等公益活动的方式，参与英雄烈士保护工作。

自然人、法人和非法人组织捐赠财产用于英雄烈士保护的，依法享受税收优惠。

第二十一条 国家实行英雄烈士抚恤优待制度。英雄烈士遗属按照国家规定享受教育、就业、养老、住房、医疗等方面的优待。抚恤优待水平应当与国民经济和社会发展相适应并逐步提高。

国务院有关部门、军队有关部门和地方人民政府应当关心英雄烈士遗属的生活情况，每年定期走访慰问英雄烈士遗属。

第二十二条 禁止歪曲、丑化、亵渎、否定英雄烈士事迹和精神。

英雄烈士的姓名、肖像、名誉、荣誉受法律保护。任何组织和个人不得在公共场所、互联网或者利用广播电视、电影、出版物等，以侮辱、诽谤或者其他方式侵害英雄烈士的姓名、肖像、名誉、荣誉。任何组织和个人不得将英雄烈士的姓名、肖像用于或者变相用于商标、商业广告，损害英雄烈士的名誉、荣誉。

公安、文化、新闻出版、广播电视、电影、网信、市场监督管理、负责英雄烈士保护工作的部门发现前款规定行为的，应当依法及时处理。

第二十三条 网信和电信、公安等有关部门在对网络信息进行依法监督管理工作中，发现发布或者传输以侮辱、诽谤或者其他方式侵害英雄烈士的姓名、肖像、名誉、荣誉的信息的，应当要求网络运营者停止传输，采取消除等处置措施和其他必要措施；对来源于中华人民共和国境外的上述信息，应当通知有关机构采取技术措施和其他必要措施阻断传播。

网络运营者发现其用户发布前款规定的信息的，应当立即停止传输该信息，采取消除等处置措施，防止信息扩散，保存有关记录，并向有关主管部门报告。网络运营者未采取停止传输、消除等处置措施的，依照《中华人民共和国网络安全法》的规定处罚。

第二十四条 任何组织和个人有权对侵害英雄烈士合法权益和其他违反本法规定的行为，向负责英雄烈士保护工作的部门、网信、公安等有关部门举报，接到举报的部门应当依法及时处理。

第二十五条 对侵害英雄烈士的姓名、肖像、名誉、荣誉的行为，英雄烈士的近亲属可以依法向人民法院提起诉讼。

英雄烈士没有近亲属或者近亲属不提起诉讼的，检察机关依法对侵害英雄烈士的姓名、肖像、名誉、荣誉，损害社会公共利益的行为向人民法院提起诉讼。

负责英雄烈士保护工作的部门和其他有关部门在履行职责过程中发现第一款规定的行为，需要检察机关提起诉讼的，应当向检察机关报告。

英雄烈士近亲属依照第一款规定提起诉讼的，法律援助机构应当依法提供法律援助服务。

第二十六条 以侮辱、诽谤或者其他方式侵害英雄烈士的姓名、肖像、名誉、荣誉，损害社会公共利益的，依法承担民事责任；构成违反治安管理行为的，由公安机关依法给予治安管理处罚；构成犯罪的，依法追究刑事责任。

第二十七条 在英雄烈士纪念设施保护范围内从事有损纪念英雄烈士环境和氛围的活动的，纪念设施保护单位应当及时劝阻；不听劝阻的，由县级以上地方人民政府负责英雄烈士保护工作的部门、文物主管部门按照职责规定给予批评教育，责令改正；构成违反治安管理行为的，由公安机关依法给予治安管理处罚。

亵渎、否定英雄烈士事迹和精神，宣扬、美化侵略战争和侵略行为，寻衅滋事，扰乱公共秩序，构成违反治安管理行为的，由公安机关依法给予治安管理处罚；构成犯罪的，依法追究刑事责任。

第二十八条 侵占、破坏、污损英雄烈士纪念设施的，由县级以上人民政府负责英雄烈士保护工作的部门责令改正；造成损失的，依法承担民事责任；被侵占、破坏、污损的纪念设施属于文物保护单位的，依照《中华人民共和国文物保护法》的规定处罚；构成违反治安管理行为的，由公安机关依法给予治安管理处罚；构成犯罪的，依法追究刑事责任。

第二十九条 县级以上人民政府有关部门及其工作人员在英雄烈士保护工作中滥用职权、玩忽职守、徇私舞弊的，对直接负责的主管人员和其他直接责任人员，依法给予处分；构成犯罪的，依法追究刑事责任。

第三十条 本法自2018年5月1日起施行。

关于《中华人民共和国英雄烈士保护法（草案）》的说明

——2017年12月22日在第十二届全国人民代表大会常务委员会第三十一次会议上

全国人大常委会法制工作委员会副主任 许安标

委员长、各位副委员长、秘书长、各位委员：

我受委员长会议的委托，作关于《中华人民共和国英雄烈士保护法（草案）》的说明。

一、制定本法的必要性

习近平总书记指出："实现我们的目标，需要英雄，需要英雄精神。我们要铭记一切为中华民族和中国人民作出贡献的英雄们，崇尚英雄，捍卫英雄，学习英雄，关爱英雄。"英雄烈士的事迹和精神是中华民族共同的历史记忆和宝贵的精神财富，是中国共产党领导中国各族人民96年来不懈奋斗伟大历程、可歌可泣英雄史诗的缩影和代表，是实现中华民族伟大复兴的强大精神动力。

近年来，社会上历史虚无主义错误思潮和观点不断出现，有些人以“学术自由”“还原历史”“探究细节”等为名，通过网络、书刊等媒体歪曲历史特别是近现代历史，丑化、诋毁、贬损、质疑英雄烈士，造成恶劣社会影响，引起社会各界愤慨谴责。在今年全国“两会”上，有251人次全国人大代表、全国政协委员和一些群众来信提出，建议通过立法加强英雄烈士保护。2017年4月，习近平总书记对英雄烈士保护立法作出重要批示。回应社会关切，回击丑化、诋毁英雄烈士的恶劣行为，加强英雄烈士保护立法十分必要。制定英雄烈士保护法是建设具有强大凝聚力和引领力的社会主义意识形态，巩固中国共产党执政地位和中国特色社会主义制度的内在要求，是弘扬社会主义核心价值观和爱国主义精神，崇尚捍卫英雄烈士，维护社会公共利益的必要措施。

二、草案起草的工作过程和指导思想

全国人大常委会高度重视英雄烈士保护立法工作，将起草英雄烈士保护法作为2017年立法工作方面的一项重要任务。法制工作委员会认真学习贯彻党中央指示精神，会同中央宣传部、民政部、人力资源和社会保障部、中央军委法制局组成起草工作组，抓紧立法研究起草工作，先后召开座谈会十多次，听取中央有关部门、全国人大有关专门委员会和有关全国人大代表、全国政协委员以及专家学者的意见；赴革命老区、英模部队等进行调研，听取干部群众、部队官兵和英雄烈士后代的意见，到中央档案馆查阅相关历史档案；到北京市高级人民法院调研，了解有关案件情况。法制工作委员会以习近平新时代中国特色社会主义思想和党的十九大精神为指导，对立法中的主要问题进行专题研究，并研究借鉴外国相关立法规定，经反复研究、修改并征求中央有关部门意见后，形成了《中华人民共和国英雄烈士保护法（草案)》。

起草工作的指导思想是：高举中国特色社会主义伟大旗帜，坚持以马克思列宁主义、毛泽东思想、邓小平理论、“三个代表”重要思想、科学发展观、习近平新时代中国特色社会主义思想为指导，贯彻落实党的十九大精神，坚定“四个自信”，不忘初心，牢记使命，坚持保护英雄烈士的鲜明价值导向，纪念缅怀英雄烈士功绩，弘扬传承英雄烈士精神，培育和践行社会主义核心价值观，激发实现中华民族伟大复兴中国梦的强大精神力量，以不断夺取新时代中国特色社会主义新胜利告慰英雄烈士。

贯彻上述指导思想，起草工作中注意把握以下几点：一是突出重点，旗帜鲜明讲政治。坚决维护中国共产党、人民军队、人民共和国历史上的英雄烈士代表性人物和集体形象。近些年，一些人丑化、诋毁、贬损、质疑我党我军历史上的英雄烈士，其实质是动摇中国共产党的执政根基和中国特色社会主义制度，对这些行为必须在法律上明确予以禁止。二是弘扬英烈精神，传承红色基因。无论时间过去多么久远，先烈的英名和功绩都将永世长存。突出加强宣传教育，在全社会营造缅怀、崇尚、学习英雄烈士的正气和浓厚氛围，弘扬传承英雄烈士精神。针对现行褒扬制度存在侧重物质保障、对弘扬英雄烈士精神规定不够的情况，通过完善纪念形式，强化鲜明价值导向。三是坚持问题导向，完善制度措施。整合现行法律、烈士褒扬条例等有关英雄烈士保护的规定，与相关法律、行政法规相衔接，并根据实际需要予以提炼和完善，进一步加强英雄烈士保护工作。

三、草案的主要内容

草案共三十条，包括以下主要内容。

（一）关于英雄烈士的历史功勋

中国共产党、人民军队和人民共和国历史上涌现的无数英雄烈士，近代以来的英烈先驱和革命先行者，为国家和人民作出了重大牺牲和重大贡献。根据人民英雄纪念碑碑文、宪法序言精神，并与民法总则、全国人大常委会关于设立烈士纪念日的决定等规定相衔接，草案规定，国家和人民永远尊崇、铭记英雄烈士为国家、人民和民族作出的牺牲和贡献。近代以来，为了争取民族独立、人民解放，实现国家富强、人民幸福，促进世界和平、人类进步而英勇献身、毕生奋斗的英雄烈士，功勋彪炳史册，精神永垂不朽。需要说明的是，现实中的英雄模范人物和群体与草案规定的英雄烈士精神是一脉相承的，对他们的褒奖、人格等合法权益的保护，适用国家勋章和国家荣誉称号法等相关法律法规，不适用本法。

（二）关于人民英雄纪念碑的法律地位

1949 年 9 月 30 日，中国人民政治协商会议第一届全体会议通过决议，在首都北京天安门外，建立一个为国牺牲的人民英雄纪念碑；当日下午即举行人民英雄纪念碑奠基典礼，毛泽东主席率全体代表参加并宣读人民英雄纪念碑碑文。这一时刻永载人民共和国光辉史册。建成后的人民英雄纪念碑，成为国家

和人民纪念缅怀为中国革命和国家建设而英勇献身的英雄烈士的标志性纪念设施。据此，草案规定，矗立在北京天安门广场的人民英雄纪念碑，是近代以来中国人民和中华民族争取民族独立解放、人民自由幸福和国家繁荣富强的精神象征，是国家和人民纪念、缅怀英雄烈士的永久性纪念设施。人民英雄纪念碑及其名称、碑题、碑文、浮雕、图形、标志等受法律保护。

同时，草案还对其他英雄烈士纪念设施的保护、开放和管理作了规定，为纪念缅怀英雄烈士提供场所和服务，发挥其作为爱国主义教育基地的作用。

（三）关于纪念缅怀英雄烈士活动

与全国人大常委会关于设立烈士纪念日的决定和有关行政法规规定相衔接，草案规定，国家、县级以上地方人民政府和军队有关部门应当在烈士纪念日举行纪念活动；机关、团体、乡村、社区、学校、企业事业单位和军队有关单位在清明节和重要纪念日组织开展纪念活动；为英勇献身的烈士举行庄重的送迎、安葬仪式；建立健全烈士祭扫制度和礼仪规范，英雄烈士在国外安葬的，驻该国使领馆应当组织开展祭扫活动；引导公民通过瞻仰纪念设施、集体宣誓、网上祭奠等形式参与纪念活动等。

（四）关于弘扬传承英雄烈士精神

草案规定，国家鼓励开展对英雄烈士事迹和精神的研究，以辩证唯物主义和历史唯物主义认识和记述历史；组织开展英雄烈士史料的研究、编纂和宣传以及史料、遗物的收集、保护和陈列工作；鼓励革命老区发挥本地资源优势，开展英雄烈士事迹和精神的研究宣传；以青少年学生为重点，将英雄烈士事迹和精神的宣传教育纳入国民教育体系；鼓励以英雄烈士事迹为题材的作品创作；新闻媒体负有宣传英雄烈士事迹和精神的义务。

（五）关于烈士褒扬和遗属抚恤优待

与烈士褒扬条例相衔接，草案规定，公民牺牲，依法评定为烈士，对其英勇献身的行为予以褒扬；烈士遗属按照国家规定享受烈士褒扬金、抚恤金以及在教育、就业、养老、住房、医疗等方面的优待；抚恤优待应当与国民经济和社会发展相适应并逐步提高；各级人民政府应当关心烈士遗属工作生活情况，定期走访慰问。

（六）关于保护英雄烈士名誉荣誉

为了从行政、民事、刑事等方面全面加强对英雄烈士名誉荣誉的保护，草案规定，公安、文化、新闻出版广电、网信、民政、工商等部门在监管工作中有保护英雄烈士名誉荣誉的职责；网络运营者发现侵害英雄烈士名誉荣誉的网络信息时，负有及时处置的义务；建立对侵害英雄烈士名誉荣誉案件的公益诉讼制度，检察机关作为提起公益诉讼的主体；对实施侮辱、诽谤英雄烈士等行为的，依法追究治安和刑事责任。

草案和以上说明是否妥当，请审议。

全国人民代表大会常务委员会
关于设立上海金融法院的决定

（2018年4月27日第十三届全国人民代表大会常务委员会第二次会议通过）

为推进国家金融战略实施，健全完善金融审判体系，营造良好金融法治环境，促进经济和金融健康发展，根据宪法和人民法院组织法，特作如下决定：

一、设立上海金融法院。

上海金融法院审判庭的设置，由最高人民法院根据金融案件的类型和数量决定。

二、上海金融法院专门管辖上海金融法院设立之前由上海市的中级人民法院管辖的金融民商事案件和涉金融行政案件。管辖案件的具体范围由最高人民法院确定。

上海金融法院第一审判决和裁定的上诉案件，由上海市高级人民法院审理。

三、上海金融法院对上海市人民代表大会常务委员会负责并报告工作。

上海金融法院审判工作受最高人民法院和上海市高级人民法院监督。上海金融法院依法接受人民检察院法律监督。

四、上海金融法院院长由上海市人民代表大会常务委员会主任会议提请本级人民代表大会常务委员会任免。

上海金融法院副院长、审判委员会委员、庭长、副庭长、审判员由上海金融法院院长提请上海市人民代表大会常务委员会任免。

五、本决定自2018年4月28日起施行。

《关于设立上海金融法院的决定（草案）》的说明

——2018年4月25日在第十三届全国人民代表大会常务委员会第二次会议上

最高人民法院院长　周　强

委员长、各位副委员长、秘书长、各位委员：

按照会议安排，根据中央全面深化改革委员会第一次会议审议通过的《关于设立上海金融法院的方案》，我就《关于设立上海金融法院的决定（草案）》作如下说明：

一、设立上海金融法院的意义

习近平总书记深刻指出："金融是现代经济的核心""金融安全是国家安全的重要组成部分，是经济健康发展的重要基础"。设立上海金融法院是坚持以习近平新时代中国特色社会主义思想为指导，全面贯彻党的十九大和十九届一中、二中、三中全会以及中央经济工作会议、中央政法工作会议精神，贯彻落实党中央、国务院《关于服务实体经济防控金融风险深化金融改革的若干意见》的重大举措。

一是有利于增强中国金融司法的国际影响力。世界近代史表明，经济强国必然是金融强国。我国要从经济大国迈向经济强国，掌握国际金融交易规则的话语权至关重要，而金融法治环境是其中的基本要素和重要保障。从世界范围来看，英美等发达国家和阿联酋、哈萨克斯坦等新兴市场国家均建立了专门的金融司法体系。通过设立上海金融法院，建立完善中国特色社会主义金融审判体制机制，有助于提升我国在国际金融交易规则制定过程中的地位和作用，为我国经济转型升级、“一带一路”建设营造更好的国际环境。

二是有利于国家金融战略的深入实施。服务实体经济、防范金融风险，深化金融改革，不仅需要增强立法的科学性和政策的有效性，也需要建立公正、高效、权威的金融审判体系。设立上海金融法院，对金融案件实行集中管辖，不仅有利于依法保障金融改革顺利推进，引导金融行业“脱虚向实”，服务实体经济，同时也有利于人民法院与金融监管部门形成合力，加强市场监管，维护金融安全，守住不发生系统性金融风险的底线。

三是有利于上海国际金融中心的发展建设。近年来，上海市涉金融案件数量迅速增长，2013 年至 2017 年平均每年增长 51%，去年受理一审金融商事案件数量达到 17.9 万件。设立上海金融法院，将进一步提高金融审判专业化水平，统一裁判标准，促进法律统一适用，提升金融审判质效和司法公信力，为“到 2020 年将上海国际金融中心基本建成与我国经济实力以及人民币国际地位相适应的国际中心”提供有力的司法服务和保障。

二、草案的主要内容

（一）关于上海金融法院的设立

上海是中央确定并支持建设的国际金融中心，辖区内金融机构数量多，外资金融机构占比大，金融要素市场齐全，金融市场交易额巨大。近年来，上海法院受理的涉金融案件呈现新类型案件多、案件风险传导性强、审理难度较大、国际关注度高等突出特点，对金融审判专业化提出更高要求。探索完善金融审判体系，营造良好金融法治环境，完善中国特色金融司法体系，应当立足经济社会发展需求，选择金融案件数量较多、金融审判基础较好的上海探索设立金融法院。上海金融法院审判庭的设置，由最高人民法院根据金融案件的类型和数量以及机构编制部门的意见具体规定。

（二）关于上海金融法院的监督

上海金融法院属专门法院，其审级与上海市其他中级人民法院相同。上海金融法院依法定程序设立后，对上海市人民代表大会常务委员会负责并接受监督。根据法律规定，上海金融法院的审判工作，接受上海市高级人民法院的业务指导和审判监督；上海金融法院审理的案件，接受上海市同级人民检察院的诉讼监督。

（三）关于上海金融法院的案件管辖

上海金融法院专门管辖上海市应由中级人民法院管辖的金融商事案件和涉金融行政案件，管辖案件由最高人民法院确定。具体包括：（1）上海市辖区中级人民法院管辖的金融借款、票据、信用证、证券、期货、保险、融资租赁、典当、金融仲裁等一审、二审和再审金融商事案件；（2）上海市辖区中级人民法院管辖的以金融监管机关为被告的一审、二审和再审涉金融行政案件；（3）上海市辖区新型、重大、疑难、复杂的一审金融商事案件和涉金融行政案件；（4）最高人民法院相关司法解释指定由上海市辖区中级人民法院管辖的以上海证券交易所、中国证券登记结算有限责任公司上海分公司、上海期货交易所等为被告或者第三人履行职责引发的一审民事、行政案件。对上海金融法院判决和裁定的上诉案件，由上海市高级人民法院管辖。上海市第一、第二、第三中级人民法院不再管辖金融商事案件和涉金融行政案件。

确定上述管辖，主要是坚持严格依照法律、便于理解适用、服务发展大局原则，突出金融法院的专门职责，统一司法裁判尺度，加强法院与金融监管部门之间的直接对接，防范金融风险。《决定（草案）》经全国人大常委会通过后，最高人民法院还将专门出台相关司法解释，进一步明确上海金融法院的案件管辖问题。

（四）关于上海金融法院的法官任免

上海金融法院对上海市人民代表大会常务委员会负责。院长由上海市人民代表大会常务委员会主任会议提请上海市人民代表大会常务委员会任免。副院长、审判委员会委员、庭长、副庭长、审判员由上海金融法院院长提请上海市人民代表大会常务委员会任免。

上海金融法院的员额法官拟从现有经验丰富的优秀金融审判、民商事审判或行政审判法官中选任，也可探索从优秀律师和法学专家中公开遴选。

三、需要说明的情况

（一）关于先行探索、稳步推进

在设立上海金融法院的研究论证过程中，有单位建议最高人民法院对全国金融法院的布局进行顶层设计、整体规划。考虑到上海金融法院设立的重要性和必要性，我们认为，应当坚持先行探索、稳步推进的原则，即先行探索在上海设立金融法院。

（二）关于深化司法改革

设立上海金融法院是落实司法体制综合配套改革，完善法院组织体系的重要举措。上海金融法院设立后，将深入推进司法体制改革，优化司法职权配置，全面落实司法责任制，规范审判权力运行机制，实行法官员额制，精干设置内设机构，推行扁平化管理，进一步提升我国司法形象。

（三）关于配套措施

为确保上海金融法院职能作用的充分发挥，上海金融法院将不断完善配套措施，建立完善金融审判专家辅助制度，加强金融纠纷案件多元化解决机制建设，加强金融案件大数据资源库和金融风险防范信息共享机制建设，完善金融司法研究机制和智库建设，确保改革取得预期效果。

根据《中华人民共和国人民法院组织法》有关规定，现提请对《关于设立上海金融法院的决定（草案）》予以审议。

全国人民代表大会常务委员会
关于修改《中华人民共和国国境卫生检疫法》等六部法律的决定

（2018 年 4 月 27 日第十三届全国人民代表大会常务委员会第二次会议通过）

第十三届全国人民代表大会常务委员会第二次会议决定：

一、对《中华人民共和国国境卫生检疫法》作出修改

（一）删去第二条第二款。

（二）删去第二十七条。

二、对《中华人民共和国进出口商品检验法》作出修改

（一）删去第十一条中的“海关凭商检机构签发的货物通关证明验放”。

（二）删去第十五条第二款。

三、对《中华人民共和国国防教育法》作出修改

将第八条第一款中的“民政”修改为“退役军人事务”。

四、对《中华人民共和国精神卫生法》作出修改

（一）将第八条第二款中的“人力资源社会保障”修改为“医疗保障”。

（二）将第六十八条第二款中的“人力资源社会保障、卫生、民政”修改为“医疗保障”。将第三款中的“民政”修改为“医疗保障”。

五、对《中华人民共和国反恐怖主义法》作出修改

（一）删去第四十条第二款。

（二）将第六十五条中的“民政等”修改为“医疗保障等”。

六、对《中华人民共和国国家情报法》作出修改

将第二十四条第二款中的“人力资源和社会保障”修改为“人力资源社会保障、退役军人事务、医疗保障”。

本决定自公布之日起施行。

《中华人民共和国国境卫生检疫法》《中华人民共和国进出口商品检验法》《中华人民共和国国防教育法》《中华人民共和国精神卫生法》《中华人民共和国反恐怖主义法》《中华人民共和国国家情报法》根据本决定作相应修改，重新公布。

[司法解释、司法指导性文件与解读]

最高人民法院

关于严格规范民商事案件延长审限和延期开庭问题的规定

法释〔2018〕9号

（2018年4月23日最高人民法院审判委员会第1737次会议通过　自2018年4月26日起施行）

为维护诉讼当事人合法权益，根据《中华人民共和国民事诉讼法》等规定，结合审判实际，现就民商事案件延长审限和延期开庭的有关问题规定如下。

第一条　人民法院审理民商事案件时，应当严格遵守法律及司法解释有关审限的规定。适用普通程序审理的第一审案件，审限为六个月；适用简易程序审理的第一审案件，审限为三个月。审理对判决的上诉案件，审限为三个月；审理对裁定的上诉案件，审限为三十日。

法律规定有特殊情况需要延长审限的，独任审判员或合议庭应当在期限届满十五日前向本院院长提出申请，并说明详细情况和理由。院长应当在期限届满五日前作出决定。

经本院院长批准延长审限后尚不能结案，需要再次延长的，应当在期限届满十五日前报请上级人民法院批准。上级人民法院应当在审限届满五日前作出决定。

第二条　人民法院开庭审理民商事案件后，认为需要再次开庭的，应当依法告知当事人下次开庭的时间。两次开庭间隔时间不得超过一个月，但因不可抗力或当事人同意的除外。

第三条 独任审判员或者合议庭适用民事诉讼法第一百四十六条第四项规定决定延期开庭的，应当报本院院长批准。

第四条 人民法院应当将案件的立案时间、审理期限，扣除、延长、重新计算审限，延期开庭审理的情况及事由，按照《最高人民法院关于人民法院通过互联网公开审判流程信息的规定》及时向当事人及其法定代理人、诉讼代理人公开。当事人及其法定代理人、诉讼代理人有异议的，可以依法向受理案件的法院申请监督。

第五条 故意违反法律、审判纪律、审判管理规定拖延办案，或者因过失延误办案，造成严重后果的，依照《人民法院工作人员处分条例》第四十七条的规定予以处分。

第六条 本规定自2018年4月26日起施行；最高人民法院此前发布的司法解释及规范性文件与本规定不一致的，以本规定为准。

最高人民法院司改办负责人就《关于严格规范民商事案件延长审限和延期开庭问题的规定》答记者问

2018年4月，最高人民法院公布《关于严格规范民商事案件延长审限和延期开庭问题的规定》（以下简称《规定》），自4月26日开始施行。

问：最高人民法院本次单独就民商事案件延长审限和延期开庭出台《规定》意义何在？

答：《规定》专门就规范民商事案件延长审理期限和延期开庭出台司法解释的主要目的和意义在于以下方面。

一是进一步扩大对外开放环境下营造良好的营商环境的需要。当今世界，开放融通的潮流滚滚向前，经济全球化已然成为不可逆转的趋势，习近平总书记在不同场合反复强调中国要坚持并继续扩大对外开放。在这样的大环境下，如何营造稳定公平透明、可预期的营商环境，推动我国经济持续健康发展，成为当前的重大课题。良好的营商环境离不开司法的保障。人民法院通过充分发挥审判职能作用，服务国家经济社会发展大局，为营造良好营商环境作出了重要贡献。规定通过严格报批程序和加大公开力度，进一步规范民商事案件延长审理期限和延期开庭审理，对于促进民商事纠纷快速解决，依法维护市场秩序，推动建立更加公开、透明、高效的民商事审判制度具有重大意义，对于进一步增强投资者、经营者对中国营商环境的预期和信心，彰显我国全面依法治国的决心也有重大意义。

二是新时代背景下满足人民群众多元司法需求的需要。当前，中国特色社会主义进入新时代，我国社会主要矛盾发生历史性变化，人民法院要紧紧抓住人民群众日益增长的司法需求与人民法院工作发展不平衡、保障群众权益不充分之间的矛盾，健全完善确保司法公正的制度机制，创新司法为民措施，满足人民群众多元司法需求和对美好生活的新期待。如何提高诉讼效率是世界许多国家面临的共同问题。我国从 1991 年开始，创造性地规定了民事案件审理期限制度，历经二十余年不断完善和加强，在迅速处理纠纷化解矛盾、保障经济社会顺利运转方面发挥了重要作用。《规定》的出台，是人民法院勇于直面“人案矛盾”、敢于担当责任的生动体现，也是不断满足人民群众优质高效司法服务需求的具体举措。正像习近平总书记说的那样，“我们不舒服一点、不自在一点，老百姓的舒适度就好一点、满意度就高一点”。

三是全面落实司法责任制形势下加强审判监督的需要。党的十九大报告提出了“全面落实司法责任制”的明确要求，充分体现了司法责任制改革在全面推进依法治国和深化司法体制改革中的重要地位和重大意义。司法责任制的核心要义是“让审理者裁判、由裁判者负责”，改变了过去院庭长审批案件的模式。但是，“去行政化”不是“去监督管理”，随着审判权力的下放，审判监督必须跟上。针对审判实践中可能造成拖延办案的问题，《规定》一方面加强对审判权的内部监督制约，通过严格规范相关程序报批手续，确保对审判质效进行全程监督管理；另一方面要求人民法院主动接受外部监督，及时告知当事人扣除、延长、重新计算审限以及延期开庭审理的情况及事由，强化重要程序性信息的司法公开，并且规定当事人及其法定代理人、诉讼代理人有异议的，可以依法向受理案件的法院申请监督。

问：请问《规定》是如何规范民商事案件延长审理期限的？

答：《规定》主要从三个方面对民商事案件延长审理期限问题作了规范。

其一，重申人民法院应当严格遵守审理期限规定。民事诉讼法和相关司法解释对案件审理期限作了明确规定。虽然规定审限的合理性无论在理论界还是实务界都有不同看法，尤其是近年来，随着“案多人少”矛盾的凸显，不时有建议废除审限规定的声音。但是，考虑到当前我国正处于社会转型期和矛盾多发期，案件上升势头持续不减，如果不规定审理期限或不执行审理期限规定，任由案件积压，势必会影响矛盾的及时解决和社会主义和谐社会的建设。

其二，更加严格规定延长审理期限的申请。《规定》要求依照法律规定有特殊情况需要延长审理期限的“应当在期限届满十五日前提出”，为院长判断并决定是否延期留下充足时间。同时，规定要求申请延长审理期限应当“说明详细情况和理由”，这样规定能起到两种效果：一是要求审判人员必须对未能在规定审限内结案作出解释说明，督促法官在审理期限内结案，不能简单以“案情复杂”为由申请延长；二是有利于院长对案件情况进行整体把握，准确判断是否应予准许延期及延长期限。

其三，更加严格规定延长审理期限的批准。以往实践中对申请延长审理期限审批相对宽松，按照《规定》的要求，院长应当根据申请者提出的具体理由和案件情况，决定延长期限的长短，不能再搞“一刀切”，顶格批准最长期限。

问：请问为什么要对延期开庭问题进行规范，《规定》有什么举措？

答：在经济全球化趋势下，中国不断扩大对外开放，开放意味着不仅要“走出去”，而且要“引进来”，而稳定公平透明、可预期的营商环境，对吸引外商投资、促进经济发展至关重要。目前，对世界各国营商环境最全面、最权威的评估来自世界银行每年发布的《营商环境报告》，而世界银行对各个经济体营商环境评分的重要标准是相关项目有无相应的法律法规和规范性文件。《规定》对延期开庭审理问题作出了规范，填补了民事诉讼法和相关司法解释的漏洞。

民事诉讼法第一百四十六条第四项赋予法官一定的自由裁量权，是尊重客观司法规律的体现，对于解决法律的滞后性与社会发展的变动性、法律语言的局限性与事物的复杂性、法律的稳定性和法律适用的不确定性之间的矛盾具有重要意义。但是，自由裁量权理应受到规制。《规定》要求除民事诉讼法第一百四十六条第一、二、三项规定的情形外，决定延期开庭审理的必须报本院院长批准，即从严格审批和加强监管的角度出发，避免适用兜底条款的随意性。这样规定兼顾了“约束”与“放权”的平衡，既收紧了兜底条款适用的口子，又给特殊情况下延期开庭留了出路。

问：案件当事人通常对开庭的时间，延长审限、扣除审限、延期开庭的期限等比较关心，请问《规定》如何进一步保障当事人对上述信息的知情权？

答：开庭的时间和延长审限、扣除审限、延期开庭的期限等信息与当事人正当诉讼权益密切相关，如果这些信息不公开、不透明，当事人就会对案件进展缺乏预期，进而可能会对法院能否公平公正审理其案件产生疑虑，不利于维护司法权威性和公信力。公开是最好的防腐剂，公开也是树立公信的前提。只有坚持司法公开，才能消弭误会、赢得信任。近年来，人民法院不断强化司法公开力度，扩大司法公开范围，以公开促公正、提公信，赢得了人民群众的满意。《规定》进一步要求对开庭的时间和延长审限、扣除审限、延期开庭的期限等信息进行公开，切实保证当事人的知情权、参与权、监督权。

《规定》首先要求人民法院开庭审理案件后，如果认为还需要再次开庭的，应当依法及时告知当事人下次开庭的时间，除因不可抗力或当事人同意的除外，两次开庭间隔时间不得超过一个月，这是促成案件不间断审理、快速解决纠纷、增加审判透明度的重要举措。

《规定》还要求人民法院应当将案件的立案时间、审理期限，扣除、延长、重新计算审限，延期开庭审理的情况及事由，及时向当事人及其法定代理人、诉讼代理人公开，使当事人对审判进度有了更清晰的预期。

《规定》还特别为当事人提供了权利救济途径，设置了滥用权力的处罚措施，增加了法律规范的实施保障。当事人对审限扣除、延长、重新计算以及延期开庭决定等有异议的，可以依法向受理案件的法院申请监督，人民法院审判管理部门特别是院庭长要认真处理，对违反故意违反法律、审判纪律、审判管理规定拖延办案，或者因过失延误办案，造成严重后果的，应当依照《人民法院工作人员处分条例》第四十七条的规定对责任人予以处分。

最高人民法院　司法部

关于依法保障律师诉讼权利和规范律师参与庭审活动的通知

2018年4月21日　　司发通〔2016〕36号

各省、自治区、直辖市高级人民法院、司法厅（局），新疆维吾尔自治区高级人民法院生产建设兵团分院、新疆生产建设兵团司法局：

为进一步保障律师诉讼权利，规范律师参与庭审活动，充分发挥律师维护当事人合法权益、维护法律正确实施和司法公正的职能作用，现就有关事项通知如下。

一、各级人民法院及其工作人员要尊重和保障律师诉讼权利，严格执行法定程序，平等对待诉讼各方，合理分配各方发问、质证、陈述和辩论、辩护的时间，充分听取律师意见。对于律师在法庭上就案件事实认定和法律适用的正常发问、质证和发表的辩护代理意见，法官不随意打断或者制止；但是，攻击党和国家政治制度、法律制度的，发表的意见已在庭前会议达成一致、与案件无关或者侮辱、诽谤、威胁他人，故意扰乱法庭秩序的，审判长或者独任审判员可以根据情况予以制止。律师明显以诱导方式发问，公诉人提出异议的，审判长或者独任审判员审查确认后，可以制止。

二、律师参加庭审不得对庭审活动进行录音、录像、拍照或使用移动通信工具等传播庭审活动，不得进行其他违反法庭规则和不服从法庭指令的行为。律师对庭审活动进行录音、录像、拍照或使用移动通信工具等传播庭审活动的，人民法院可以暂扣其使用的设备及存储介质，删除相关内容。

三、法庭审理过程中，法官应当尊重律师，不得侮辱、嘲讽律师。审判长或者独任审判员认为律师在法庭审理过程中违反法庭规则、法庭纪律的，应当依法给予警告、训诫等，确有必要时可以休庭处置，除当庭攻击党和国家政治制度、法律制度等严重扰乱法庭秩序的，不采取责令律师退出法庭或者强行带出法庭措施。确需司法警察当庭对律师采取措施维持法庭秩序的，有关执法行为要规范、文明，保持必要、合理限度。律师被依法责令退出法庭、强行带出法庭或者被处以罚款后，具结保证书，保证服从法庭指令、不再扰乱法庭秩序的，经法庭许可，可以继续担任同一案件的辩护人、诉讼代理人；具有擅自退庭、无正当理由不按时出庭参加诉讼、被拘留或者具结保证书后再次被依法责令退出法庭、强行带出法庭的，不得继续担任同一案件的辩护人、诉讼代理人。人民法院应当对庭审活动进行全程录像或录音，对律师在庭审活动中违反法定程序的情形应当记录在案。

四、律师认为法官在审判过程中有违法违规行为的，可以向相关人民法院或其上一级人民法院监察部门投诉、举报，人民法院应当依法作出处理并及时将处理情况答复律师本人，同时通报当地司法行政机关、律师协会。对社会高度关注的，应当公布结果。律师认为法官侵犯其诉讼权利的，应当在庭审结束后，向司法行政机关、律师协会申请维护执业权利，不得以维权为由干扰庭审的正常进行，不得通过网络以自己名义或通过其他人、媒体发表声明、公开信、敦促书等炒作案件。

五、人民法院认为律师有违法违规行为的，应当向司法行政机关、律师协会提出司法建议，并移交庭审录音录像、庭审记录等相关证据材料。对需要进一步调查核实的，应配合、协助司法行政机关、律师协会有关调查取证工作。司法行政机关、律师协会接到当事人投诉举报、人民法院司法建议书的，应当及时立案调查，对违法违规的要依法依规作出行政处罚或行业惩戒。处理结果应当及时书面告知当事人、人民法院。对公开谴责以上行业惩戒和行政处罚的决定一律向社会公开披露，各地司法行政机关、律师协会主动发现律师违法违规行为的，要及时立案查处。

六、司法行政机关应当会同人民法院、律师协会建立分级分类处理机制。对于发生在当地的律师维权和违法违规事件，由所在地人民法院、司法行政机关按有关要求依法及时作出处理，能即时纠正的应当依法立即纠正。对于跨区域的律师维权和违法违规事件，行为发生地司法行政机关发现律师涉嫌违法违规执业的，应当向注册地司法行政机关提出处罚意见和建议，注册地司法行政机关收到意见建议后应当立案调查，并将查处结果反馈行为发生地司法行政机关。行为发生地司法行政机关不同意处罚意见的，应当报共同上级司法行政机关审查。上级司法行政机关应当对两地司法行政机关意见和相关证据材料进行审查，提出处理意见。跨省（区、市）的律师维权与违规交织等重大复杂事件，可以由司法部会同最高人民法院、全国律协，必要时商请事件发生地的省（区、市）党委政法委牵头组成联合调查组，负责事件调查处理工作。省（区、市）内跨区域重大复杂事件参照上述做法办理。

七、重大敏感复杂案件开庭审理时，根据人民法院通知，对律师具有管理监督职责的司法行政机关或律师协会应当派员旁听，进行现场指导监督。

八、各级人民法院，司法行政机关要注重发现宣传人民法院依法尊重、保障律师诉讼权利和律师尊重法庭权威，遵守庭审纪律的典型，大力表彰先进，发挥正面引领作用。同时，要通报人民法院、司法行政机关侵犯律师正当权利、处置律师违法违规行为不当以及律师违法违规执业受到处罚处分的典型，教育引导法官和律师自觉树立正确观念，彼此尊重、相互支持、相互监督，为法院依法审判、律师依法履职营造良好环境。

解读——

《关于依法保障律师诉讼权利和规范律师参与庭审活动的通知》

吕红兵*

2018 年 4 月 21 日，最高人民法院、司法部联合印发《关于依法保障律师诉讼权利和规范律师参与庭审活动的通知》（以下简称《通知》），就依法保障律师审判阶段执业权利、规范律师参与庭审活动作出规定，引发业界热议。《通知》面向当前司法实践中的薄弱环节，兼顾律师权利保障和律师行为规范，体现了中央对律师工作的高度重视，有利于保障法律正确实施、促进社会

* 作者单位：全国律师协会。

公平正义。

一、保障律师执业权利的又一项创新举措

律师制度是中国特色社会主义法律制度的重要组成部分，近年来中央陆续出台了一系列保障律师执业权利的规范性文件，各级人民法院严格落实保障律师诉讼权利各项措施，律师执业环境得到很大改善。

但在司法实践中，一些法官对律师正当的发问、质证和辩论辩护等诉讼权利不能充分尊重和保障，随意打断或制止，致使律师在庭审中职能作用无法有效发挥；特别是个别基层法院对律师采取责令退出法庭或强行带出法庭等措施，不仅影响了法官与律师间的良性互动关系，更影响了诉讼活动顺利进行，损害了司法公信力。

为解决这些问题，对人民法院保障律师审判阶段诉讼权利作出进一步规定很有必要，《通知》是保障律师执业权利的又一项创新举措。对庭审阶段律师执业权利保障专门作出规定，对于维护当事人合法权益、维护法律正确实施和促进司法公正具有重要意义。

二、尊重律师权利，完善救济渠道

《通知》明确了律师诉讼权利保障和权利救济措施，有利于充分发挥律师在庭审中的职能作用。

一是充分保障律师庭审中各项诉讼权利。各级人民法院及其工作人员要严格执行法定程序，平等对待诉讼各方，合理分配各方发问、质证、陈述和辩论、辩护的时间。对于律师在法庭上就案件事实认定和法律适用的正常发问、质证和发表的辩护代理意见，法官不随意打断或者制止。

二是尊重律师。在法庭审理过程中法官不得对律师使用侮辱、嘲讽的语言。

三是慎重采取强制驱逐出法庭的措施。除当庭攻击党和国家政治制度、法律制度等严重扰乱法庭秩序的，法官不采取责令律师退出法庭或者强行带出法庭措施。

四是完善律师执业权利救济机制。律师认为法官在审判过程中有违法违规行为的，可向相关人民法院或其上一级人民法院监察部门投诉举报，人民法院应当依法作出处理并及时将处理情况答复律师本人，同时通报当地司法行政机

关、律师协会。对社会高度关注的，应当公布结果。

三、“举旗”“亮剑”并重促进法官律师良性互动

此次，《通知》除了对保障律师执业权利作出详尽规定之外，还用了相当篇幅规范律师参与庭审活动的行为。《通知》强调，律师不得对庭审活动进行录音、录像、拍照或使用移动通信工具等传播庭审活动，维权投诉要通过司法行政机关、律师协会依法进行。

法官和律师同为法律职业共同体的一分子，《通知》着眼于构建法官与律师之间彼此尊重、相互支持、相互监督的良性互动关系，保障执业权利和规范执业行为是权利和义务一致性的体现。

律师作为庭审活动的主要参与者，负有遵守和维护法庭纪律的责任。如果法庭秩序受到肆意破坏，那么受损害的不仅是司法权威，最终司法公正也难以实现。进一步规范律师参与庭审活动，促进律师依法履职，最终目的也是为了更好地保障律师执业权利。

《通知》充分体现了最高人民法院、司法部对律师工作的大力支持，全国律协将认真组织各地律师协会和广大律师学习把握文件精神，正确理解《通知》有关规定，并结合律师工作实际做好贯彻落实工作，为法院依法审判、律师依法履职营造良好环境。

中央政法委　最高人民法院　司法部　民政部

财政部　人力资源和社会保障部

关于加强人民调解员队伍建设的意见

（2018年4月27日）

为认真落实党的十九大精神，深入贯彻党的十八届四中全会关于发展人民调解员队伍的决策部署，全面贯彻实施人民调解法，现就加强人民调解员队伍

建设提出如下意见。

一、充分认识加强人民调解员队伍建设的重要意义

人民调解是在继承和发扬我国民间调解优良传统基础上发展起来的一项具有中国特色的法律制度，是公共法律服务体系的重要组成部分，在矛盾纠纷多元化解机制中发挥着基础性作用。人民调解员是人民调解工作的具体承担者，肩负着化解矛盾、宣传法治、维护稳定、促进和谐的职责使命。加强人民调解员队伍建设，对于提高人民调解工作质量，充分发挥人民调解维护社会和谐稳定“第一道防线”作用，推进平安中国、法治中国建设，实现国家治理体系与治理能力现代化具有重要意义。党中央、国务院历来高度重视人民调解工作。党的十八大以来，习近平总书记多次对人民调解工作作出重要指示批示，为做好人民调解工作和加强人民调解员队伍建设指明了方向。广大人民调解员牢记使命、扎根基层、无私奉献，积极开展矛盾纠纷排查调解工作，切实把矛盾纠纷化解在基层，消除在萌芽状态，为维护社会和谐稳定、服务保障和改善民生作出了积极贡献。当前，中国特色社会主义进入新时代。社会主要矛盾已经转化为人民日益增长的美好生活需要和不平衡不充分的发展之间的矛盾。人民不仅对物质文化生活提出了更高要求，而且在民主、法治、公平、正义、安全、环境等方面的要求日益增长。党的十九大强调，要加强预防和化解社会矛盾机制建设，正确处理人民内部矛盾。这些都对人民调解、行业专业调解和调解员队伍建设提出了新的更高要求。各地各有关部门一定要充分认识加强人民调解员队伍建设的重要性、紧迫性，切实增强责任感和使命感，采取有效措施，大力推进人民调解员队伍建设，不断提高人民调解工作水平，全力维护社会和谐稳定。

二、加强人民调解员队伍建设的指导思想和基本原则

（一）指导思想

深入贯彻落实党的十九大精神，坚持以习近平新时代中国特色社会主义思想为指导，按照“五位一体”总体布局和“四个全面”战略布局，全面贯彻实施人民调解法，优化队伍结构，着力提高素质，完善管理制度，强化工作保障，努力建设一支政治合格、熟悉业务、热心公益、公道正派、秉持中立的人民调解员队伍，为平安中国、法治中国建设作出积极贡献。

（二）基本原则

——坚持党的领导。认真贯彻落实中央关于人民调解工作的决策部署，确保人民调解员队伍建设的正确方向。

——坚持依法推动。贯彻落实人民调解法、民事诉讼法等法律规定，不断提高人民调解员队伍建设的规范化、法治化水平。

——坚持择优选聘。按照法定条件和公开公平公正的原则，吸收更多符合条件的社会人士和专业人员参与人民调解工作。

——坚持专兼结合。在积极发展兼职人民调解员队伍的同时，大力加强专职人民调解员队伍建设，不断优化人民调解员队伍结构。

——坚持分类指导。根据各地实际情况和专兼职人民调解员队伍的不同特点，完善管理制度，创新管理方式，不断提高人民调解工作质量。

三、加强人民调解员队伍建设的主要任务

（一）认真做好人民调解员选任工作

1. 严格人民调解员选任条件。人民调解员由人民调解委员会委员和人民调解委员会聘任的人员担任，既可以兼职，也可以专职。人民调解员应由公道正派、廉洁自律、热心人民调解工作，并具有一定文化水平、政策水平和法律知识的成年公民担任。乡镇（街道）人民调解委员会的调解员一般应具有高中以上学历，行业性、专业性人民调解委员会的调解员一般应具有大专以上学历，并具有相关行业、专业知识或工作经验。

2. 依法推选人民调解委员会委员。人民调解委员会委员通过推选产生。村民委员会、社区居民委员会的人民调解委员会委员由村民会议或者村民代表会议、居民会议或者居民代表会议推选产生。企业事业单位设立的人民调解委员会委员由职工大会、职工代表大会或者工会组织推选产生。乡镇（街道）人民调解委员会委员由行政区域内村（居）民委员会、有关单位、社会团体、其他组织推选产生。行业性、专业性人民调解委员会委员由有关单位、社会团体或者其他组织推选产生。人民调解委员会委员任期届满，应及时改选，可连选连任。任期届满的原人民调解委员会主任应向推选单位报告工作，听取意见。新当选的人民调解委员会委员应及时向社会公布。

3. 切实做好人民调解员聘任工作。人民调解委员会根据需要可以聘任一定数量的专兼职人民调解员，并颁发聘书。要注重从德高望重的人士中选聘基

层人民调解员。要注重选聘律师、公证员、仲裁员、基层法律服务工作者、医生、教师、专家学者等社会专业人士和退休法官、检察官、民警、司法行政干警以及相关行业主管部门退休人员担任人民调解员，不断提高人民调解员的专业化水平。要积极发展专职人民调解员队伍，行业性、专业性人民调解委员会应有3名以上专职人民调解员，乡镇（街道）人民调解委员会应有2名以上专职人民调解员，有条件的村（居）和企事业单位人民调解委员会应有1名以上专职人民调解员，派驻有关单位和部门的人民调解工作室应有2名以上专职人民调解员。

（二）明确人民调解员职责任务

4. 人民调解员的职责任务。积极参与矛盾纠纷排查，对排查发现的矛盾纠纷线索，采取有针对性的措施，预防和减少矛盾纠纷的发生；认真开展矛盾纠纷调解，在充分听取当事人陈述和调查了解有关情况的基础上，通过说服、教育、规劝、疏导等方式方法，促进当事人平等协商、自愿达成调解协议，督促当事人及时履行协议约定的义务，人民调解员对当事人主动申请调解的，无正当理由不得推诿不受理；做好法治宣传教育工作，注重通过调解工作宣传法律、法规、规章和政策，教育公民遵纪守法，弘扬社会公德、职业道德和家庭美德；发现违法犯罪以及影响社会稳定和治安秩序的苗头隐患，及时报告辖区公安机关；主动向所在的人民调解委员会报告矛盾纠纷排查调解情况，认真做好纠纷登记、调解统计、案例选报和文书档案管理等工作；自觉接受司法行政部门指导和基层人民法院业务指导，严格遵守人民调解委员会制度规定，积极参加各项政治学习和业务培训；认真完成司法行政部门和人民调解委员会交办的其他工作任务。

（三）加强人民调解员思想作风建设

5. 加强思想政治建设。组织广大人民调解员认真学习宣传贯彻党的十九大精神，坚持以习近平新时代中国特色社会主义思想武装头脑、指导工作。教育引导人民调解员牢固树立政治意识、大局意识、核心意识、看齐意识，自觉在思想上政治上行动上同以习近平同志为核心的党中央保持高度一致。加强人民调解员职业道德教育，深入开展社会主义核心价值观和社会主义法治理念教育，弘扬调解文化，增强人民调解员的社会责任感和职业荣誉感。

6. 加强纪律作风建设。完善人民调解员行为规范，教育人民调解员严格遵守和执行职业道德和工作纪律，树立廉洁自律良好形象，培养优良作风。建立投诉处理机制，及时查处人民调解员违法违纪行为，不断提高群众满意度。

7. 加强党建工作。党员人民调解员应积极参加所属党支部的组织生活，加强党性修养，严守党员标准，自觉接受党内外群众的监督，发挥党员在人民调解工作中的先锋模范作用。支持具备条件的人民调解委员会单独建立党组织，落实基层党建基本制度，严格党内政治生活，突出政治功能，发挥战斗堡垒作用。

（四）加强人民调解员业务培训

8. 落实培训责任。开展人民调解员培训是司法行政部门的重要职责。要坚持分级负责、以县（市、区）为主，加大对人民调解员的培训力度。县（市、区）司法行政部门主要负责辖区内人民调解委员会主任、骨干调解员的岗前培训和年度培训，指导和组织司法所培训辖区内人民调解员；市（地、州）司法行政部门主要负责辖区内大中型企业、乡镇（街道）和行业性、专业性人民调解委员会主任、骨干调解员的岗前培训和年度培训；省（区、市）司法行政部门负责制定本地区人民调解员培训规划，组织人民调解员骨干示范培训，建立培训师资库；司法部负责组织编写培训教材，规范培训内容，开展人民调解员师资培训。司法行政部门要积极吸纳律师、公证员、司法鉴定人、专职人民调解员等作为培训师资力量，提高培训质量和水平。基层人民法院要结合审判工作实际和人民调解员队伍状况，积极吸纳人民调解委员会进入人民法院特邀调解组织名册，通过委派调解、委托调解，选任符合条件的人民调解员担任人民陪审员，加强司法确认工作等灵活多样的形式，加大对人民调解员进行业务培训的力度。

9. 丰富培训内容和形式。司法行政部门和人民调解员协会要根据本地和行业、专业领域矛盾纠纷特点设置培训课程，重点开展社会形势、法律政策、职业道德、专业知识和调解技能等方面的培训。创新培训方式和载体，采取集中授课、研讨交流、案例评析、实地考察、现场观摩、旁听庭审、实训演练等形式，提高培训的针对性、有效性。顺应“互联网＋”发展趋势，建立完善人民调解员网络培训平台，推动信息技术与人民调解员培训深度融合。依托有条件的高校、培训机构开展培训工作，开发人民调解员培训课程和教材，建立完善人民调解员培训质量评估体系。

（五）加强对人民调解员的管理

10. 健全管理制度。人民调解委员会应当建立健全人民调解员聘用、学习、培训、考评、奖惩等各项管理制度，加强对人民调解员的日常管理。建立人民调解员名册制度，县（市、区）司法行政部门定期汇总人民调解员基本信息，及时向社会公开并通报人民法院，方便当事人选择和监督。建立岗位责任和绩效评价制度，完善评价指标体系。

11. 完善退出机制。人民调解员调解民间纠纷，应当坚持原则、明法析理、主持公道。对偏袒一方当事人，侮辱当事人，索取、收受财物或者牟取其他不正当利益，或泄露当事人的个人隐私、商业秘密的人民调解员，由其所在的人民调解委员会给予批评教育、责令改正；情节严重的，由推选或者聘任单位予以罢免或者解聘。对因违法违纪不适合继续从事调解工作；严重违反管理制度、怠于履行职责造成恶劣社会影响；不能胜任调解工作；因身体原因无法正常履职；自愿申请辞职的人民调解员，司法行政部门应及时督促推选或者聘任单位予以罢免或者解聘。

（六）积极动员社会力量参与人民调解工作

12. 发动社会力量广泛参与。切实发挥村（居）民小组长、楼栋长、网格员的积极作用，推动在村（居）民小组、楼栋（院落）等建立纠纷信息员队伍，帮助了解社情民意，排查发现矛盾纠纷线索隐患。发展调解志愿者队伍，积极邀请“两代表一委员”（党代表、人大代表、政协委员）、“五老人员”（老党员、老干部、老教师、老知识分子、老政法干警）、专家学者、专业技术人员、城乡社区工作者、大学生村官等参与矛盾纠纷化解。充分发挥律师、公证员、司法鉴定人、基层法律服务工作者、法律援助工作者等司法行政系统资源优势，形成化解矛盾纠纷工作合力。

13. 建立人民调解咨询专家库。县级以上司法行政部门可以根据调解纠纷需要，会同相关行业主管部门设立人民调解咨询专家库，由法学、心理学、社会工作和相关行业、专业领域的专业人员组成，相关专家负责向人民调解委员会提供专家咨询意见和调解建议。人民调解咨询专家库可以是包含多领域专业人才的区域性综合型专家库，也可以是某一特定行业、专业领域的专家库。

（七）强化对人民调解员的工作保障

14. 落实人民调解员待遇。地方财政根据当地经济社会发展水平和财力状况，适当安排人民调解员补贴经费。人民调解员补贴经费的安排和发放应考虑调解员调解纠纷的数量、质量、难易程度、社会影响大小以及调解的规范化程度。补贴标准由县级以上司法行政部门商同级财政部门确定，明令禁止兼职取酬的人员，不得领取人民调解员补贴。对财政困难地区，省级要统筹现有资金渠道，加强人民调解工作经费保障。人民调解委员会设立单位和相关行业主管部门应依法为人民调解员开展工作提供场所、设施等办公条件和必要的工作经费。省（区、市）司法行政部门或人民调解员协会应通过报纸、网络等形式，每半年或一年向社会公开人民调解经费使用情况和工作开展情况，接受社会监督。

15. 通过政府购买服务推进人民调解工作。司法行政部门应当会同有关部门做好政府购买人民调解服务工作，完善购买方式和程序，积极培育人民调解员协会、相关行业协会等社会组织，鼓励其聘请专职人民调解员，积极参与承接政府购买人民调解服务。

16. 落实人民调解员抚恤政策。司法行政部门应及时了解掌握人民调解员需要救助的情况，协调落实相关政策待遇。符合条件的人民调解员因从事调解工作致伤致残，生活发生困难的，当地人民政府应当按照有关规定提供必要的医疗、生活救助；在人民调解工作岗位上因工作原因死亡的，其配偶、子女按照国家规定享受相应的抚恤等相关待遇。探索多种资金渠道为在调解工作中因工作原因死亡、伤残的人民调解员或其亲属提供帮扶。

17. 加强对人民调解员的人身保护。人民调解员依法调解民间纠纷，受到非法干涉、打击报复或者本人及其亲属人身财产安全受到威胁的，当地司法行政部门和人民调解员协会应当会同有关部门采取措施予以保护，维护其合法权益。探索建立人民调解员人身保障机制，鼓励人民调解委员会设立单位和人民调解员协会等为人民调解员购买人身意外伤害保险等。

四、加强对人民调解员队伍建设的组织领导

（一）加强组织领导

司法行政机关负责指导人民调解工作，要把人民调解员队伍建设摆上重要位置，列入重要议事日程，切实加强指导。要主动向党委和政府汇报人民调解工作，积极争取有关部门重视和支持，着力解决人民调解员开展工作遇到的困难和问题。要完善相关制度，提高人民调解员队伍管理水平。人民调解员协会要发挥行业指导作用，积极做好对人民调解员的教育培训、典型宣传、权益维护等工作，加强对人民调解员队伍的服务和管理。

（二）落实部门职责

各有关部门要明确自身职责，加强协调配合，共同做好人民调解工作。各级政法委要将人民调解员队伍建设纳入综治工作（平安建设）考核评价体系。人民法院要通过各种形式，加强对人民调解员调解纠纷的业务指导，提高人民调解工作水平。财政部门要落实财政保障责任，会同司法行政部门确定经费保障标准，建立动态调整机制。民政部门要对符合条件的人民调解员落实相关社会救助和抚恤政策，会同人力资源社会保障部门把符合条件的人民调解员纳入社会工作专业人才培养和职业水平评价体系。各相关行业主管部门要从各方面对人民调解员开展工作提供支持和保障。

（三）加强表彰宣传

认真贯彻落实人民调解法，加大对人民调解员的表彰力度，对有突出贡献的人民调解员按照国家有关规定给予表彰奖励。要充分运用传统媒体和网络、微信、微博等新媒体，积极宣传人民调解工作典型人物和先进事迹，扩大人民调解工作社会影响力，增强广大人民调解员的职业荣誉感和自豪感，为人民调解员开展工作创造良好社会氛围。

各地要结合实际，按照本意见精神制定具体实施意见。

司法部有关负责人就《关于加强人民调解员队伍建设的意见》答记者问

3 月 28 日，中央全面深化改革委员会第一次会议审议通过《关于加强人民调解员队伍建设的意见》（以下简称《意见》）。4 月 27 日，中央政法委、最高人民法院、司法部、民政部、财政部、人力资源和社会保障部正式印发了《意见》。

问：制定出台《意见》的背景和意义是什么？

答：人民调解是一项具有中国特色的法律制度，在矛盾纠纷多元化解机制中发挥着基础性作用。人民调解员是人民调解工作的具体承担者，肩负着化解矛盾、宣传法治、维护稳定、促进和谐的职责使命。目前，全国共有人民调解委员会76.6万个，人民调解员366.9万人，每年化解矛盾纠纷900万件左右。长期以来，广大人民调解员牢记使命、扎根基层、无私奉献，积极开展矛盾纠纷排查调解工作，切实把矛盾纠纷化解在基层，消除在萌芽状态，为维护人民群众合法权益、维护社会和谐稳定、服务经济社会发展作出了积极贡献。

党中央、国务院历来高度重视人民调解工作。党的十八大以来，习近平总书记多次对人民调解工作作出重要指示批示，为做好人民调解工作和加强人民调解员队伍建设指明了方向。《意见》的出台，充分体现了以习近平同志为核心的党中央对人民调解工作的高度重视和对人民调解员队伍的亲切关怀。当前，中国特色社会主义进入新时代，社会主要矛盾已经转化为人民日益增长的美好生活需要和不平衡不充分的发展之间的矛盾。人民不仅对物质文化生活提出了更高要求，而且在民主、法治、公平、正义、安全、环境等方面的要求日益增长。党的十九大报告强调要加强预防和化解社会矛盾机制建设，正确处理人民内部矛盾。这些都对人民调解工作、人民调解员队伍建设提出了新的更高要求。《意见》强调人民调解员队伍建设要坚持党的领导、依法推动、择优选聘、专兼结合、分类指导，优化队伍结构，着力提高素质，完善管理制度，强化工作保障，努力建设一支政治合格、熟悉业务、热心公益、公道正派、秉持中立的人民调解员队伍。这对于提高人民调解工作质量，充分发挥人民调解维护社会和谐稳定“第一道防线”作用，推进平安中国、法治中国建设，实现国家治理体系与治理能力现代化具有重要意义。

问：《意见》提出要优化人民调解员队伍结构，请问有哪些具体措施？

答：人民调解员由人民调解委员会委员和人民调解委员会聘任的人员担任，既可以兼职，也可以专职。目前，全国兼职人民调解员有317.2万人，占总数的86.5%；专职人民调解员49.7万人，占总数的13.5%。随着经济社会发展，人民调解工作范围不断扩大，已经从婚姻家庭、邻里等传统矛盾纠纷向医疗、道路交通、劳动争议、物业等行业专业领域拓展，这些矛盾纠纷类型多样、专业性强，需要有一支专业化的人民调解员队伍。对此，《意见》要求，注重选聘律师、公证员、仲裁员、基层法律服务工作者、医生、教师、专家学者等社会专业人士和退休法官、检察官、民警、司法行政干警以及相关行业主管部门退休人员担任人民调解员，不断提高人民调解员的专业化水平。《意见》强调，要在积极发展兼职人民调解员队伍的同时，大力发展专职人民调解员队伍，对各类人民调解委员会专职人民调解员配备提出数量要求。其中，行业性、专业性人民调解委员会应有3名以上专职人民调解员，乡镇（街道）人民调解委员会应有2名以上专职人民调解员，有条件的村（居）和企事业单位人民调解委员会应有1名以上专职人民调解员，派驻有关单位和部门的人民调解工作室应有2名以上专职人民调解员。

问：新时代新任务对人民调解员能力和水平提出更高要求，《意见》采取哪些措施来提高人民调解员队伍素质？

答：《意见》从加强人民调解员思想作风建设和业务培训两个方面对提高人民调解员队伍素质提出了要求。《意见》强调，要加强人民调解员思想政治建设、纪律作风建设和党的建设。《意见》对各级司法行政部门和基层人民法院的培训责任提出了要求，明确坚持分级负责、以县（市、区）为主，加大对人民调解员的培训力度。在培训内容方面，重点开展社会形势、法律政策、职业道德、专业知识和调解技能等方面的培训。在培训形式方面，采取集中授课、研讨交流、案例评析、实地考察、现场观摩、旁听庭审、实训演练等形式，提高培训的针对性、有效性。同时要求，依托有条件的高校、培训机构开展培训工作，开发人民调解员培训课程和教材，建立完善人民调解员培训质量评估体系。

问：《意见》对加强人民调解员的管理作出哪些规定？

答：《意见》明确要求，根据各地实际情况和专兼职人民调解员队伍的不同特点，完善管理制度，创新管理方式，不断提高管理水平。在健全管理制度方面，《意见》强调，人民调解委员会应当建立健全人民调解员聘用、学习、培训、考评、奖惩等各项管理制度，加强对人民调解员的日常管理。建立人民调解员名册制度，县（市、区）司法行政部门定期汇总人民调解员基本信息，及时向社会公开并通报人民法院，方便当事人选择和监督。建立岗位责任和绩效评价制度，完善评价指标体系。在完善退出机制方面，《意见》要求，对偏袒一方当事人，侮辱当事人，索取、收受财物或者牟取其他不正当利益，或泄露当事人的个人隐私、商业秘密的人民调解员，由其所在的人民调解委员会给予批评教育、责令改正；情节严重的，由推选或者聘任单位予以罢免或者解聘。对发生因违法违纪不适合继续从事调解工作；严重违反管理制度、怠于履行职责造成恶劣社会影响；不能胜任调解工作等情形时，司法行政部门应及时督促推选或者聘任单位予以罢免或者解聘。

问：《意见》对加强人民调解员工作保障提出哪些要求？

答：做好人民调解工作，需要人民调解员的无私奉献，也需要党委政府的大力支持、有力保障。人民调解委员会调解民间纠纷，不收取任何费用。对人民调解工作所需经费给予必要的支持和保障，是各级政府的法定责任。为强化政府的保障责任，《意见》明确，地方财政根据当地经济社会发展水平和财力状况，适当安排人民调解员补贴经费，补贴标准由县级以上司法行政部门商同级财政部门确定。对财政困难地区，省级要统筹现有资金渠道，加强人民调解工作经费保障。同时，对设立单位的保障责任，《意见》要求，人民调解委员会设立单位和相关行业主管部门应依法为人民调解员开展工作提供场所、设施等办公条件和必要的工作经费。为依法落实人民调解员抚恤政策，《意见》要求，司法行政部门应及时了解掌握人民调解员需要救助的情况，协调落实相关政策待遇。为加强人民调解员的人身保护，《意见》强调，当地司法行政部门和人民调解员协会应当会同有关部门采取措施予以保护，维护其合法权益。

中华全国工商业联合会　司法部

关于印发《全国工商联、司法部关于推进商会人民调解工作的意见》的通知

（2018年3月27日）

各省、自治区、直辖市和新疆生产建设兵团工商联、司法厅（局）：

现将《全国工商联、司法部关于推进商会人民调解工作的意见》印发你们，请认真抓好贯彻落实。各地可结合实际，按照本意见精神制定具体实施意见，有关贯彻落实情况和推进过程中遇到的困难问题请及时报全国工商联和司法部。

关于推进商会人民调解工作的意见

为认真贯彻落实党的十九大精神，充分发挥工商联所属商会（以下简称商会）组织优势和人民调解基础性作用，预防化解非公有制经济领域矛盾纠纷，维护社会和谐稳定，依据《中华人民共和国人民调解法》等法律法规和政策规定，现就推进商会人民调解工作提出如下意见。

一、充分认识推进商会人民调解工作的重要意义

党的十九大报告提出，要打造共建共治共享的社会治理格局，强调加强预防和化解社会矛盾机制建设，正确处理人民内部矛盾。非公有制经济是社会主义市场经济的重要组成部分，是我国经济社会发展的重要基础。当前，非公有制企业在生产经营管理、劳资关系、知识产权保护等方面矛盾纠纷多发，化解纠纷能力弱，影响了企业健康发展。商会是以非公有制企业和非公有制经济人士为主体，自愿组建、自筹经费、自主管理的社会组织，具有统战性、经济性、民间性有机统一的基本特征，是工商联的基层组织和工作依托，是化解非公有制经济领域矛盾纠纷的重要阵地。人民调解是中国特色非诉讼纠纷解决方式，具有形式灵活、方便快捷、不伤和气等优势特点。商会人民调解是人民调解工作在非公有制经济领域的延伸拓展，是工商联加强法律服务、促进非公有制经济健康发展和非公有制经济人士健康成长的实际举措。加强商会人民调解工作，是工商联和司法行政机关加强预防和化解社会矛盾机制建设的重要实践，对于推进中国特色商会建设，拓展人民调解工作领域，提升商会服务能力，促进商会调解规范化、法治化发展，为非公有制企业营造良好发展环境具有重要意义。各级工商联和司法行政机关要充分认识推进商会人民调解工作的重要性和必要性，切实增强责任感和使命感，及时有效化解各类非公有制经济领域矛盾纠纷，努力为经济社会持续健康发展作出新的更大贡献。

二、总体要求

1. 指导思想。深入学习贯彻党的十九大精神，以习近平新时代中国特色社会主义思想为指导，全面贯彻落实人民调解法，加强商会人民调解组织和队

伍建设，健全完善商会人民调解工作制度和工作机制，不断提高服务企业的能力和水平，为非公有制经济持续健康发展提供有力保障。

2. 工作目标。通过大力推进商会人民调解工作，建立健全商会人民调解组织，发展商会人民调解员队伍，形成具有商会特色的人民调解工作机制，打造有影响的商会人民调解服务品牌，使商会人民调解成为化解非公有制经济领域矛盾纠纷、维护社会和谐稳定的重要途径。

3. 调解范围。调解涉及商会会员的各类民间纠纷，包括商会会员间的纠纷，会员企业与职工间的纠纷，会员与生产经营关联方间的纠纷，会员与其他单位或人员间的纠纷以及其他适合人民调解的民间纠纷。

4. 基本原则。商会人民调解委员会调解纠纷，应当遵循下列原则：

——在当事人自愿、平等的基础上进行调解。

——尊重当事人的权利，不得因调解而阻止当事人依法通过仲裁、行政、司法等途径维护自己的权利。

——注重主动预防，积极化解纠纷，消除风险隐患，有效维护企业和员工合法权益。

——不违背法律、法规和国家政策，兼顾行业标准和商事惯例。

——注重改革创新，形成具有商会特色的调解工作制度机制。

三、积极推进商会人民调解工作

5. 加强调解组织建设。在司法行政机关指导下，由商会组织依法设立商会人民调解委员会。商会人民调解委员会由委员三至九人组成，设主任一人，一般由商会负责人担任。委员经商会推选产生，要积极吸纳企业家、律师等担任商会人民调解委员会委员。设立商会人民调解委员会应当遵守人民调解法的各项规定，坚持以基层为主，从实际出发，分类有序推进，成熟一个发展一个，不搞一刀切。各级工商联和司法行政机关要加强沟通协调，对矛盾纠纷多发、确有必要设立、商会组织有保障能力的，及时推动设立商会人民调解组织。工商联协助商会人民调解委员会做好向当地司法行政机关备案等工作。尚不具备条件的，司法行政机关可根据需要指导现有人民调解委员会设立专门的人民调解商会服务窗口或吸收商会人员担任人民调解员，也可在商会设立人民调解（律师调解）工作室或联络站，及时受理并开展调解工作。

商会人民调解委员会的名称包括“商会组织名称”和“人民调解委员

会”，应有必要的办公场地和设施，悬挂规范的人民调解委员会标牌和人民调解标识，公开人民调解工作制度及人民调解委员会组成人员，做到“五落实”（即组织、人员、经费、场所、制度落实）和“六统一”（即名称、印章、标识、徽章、程序、文书统一）。

商会人民调解委员会应建立工作台账，将矛盾纠纷排查调解情况、组织队伍建设情况以及商会人民调解典型案例及时报送当地司法行政机关和工商联。

6. 加强调解员队伍建设。商会人民调解员由商会人民调解委员会委员和商会人民调解委员会聘任的人员担任。商会人民调解委员会可以根据需要聘请专兼职人民调解员，注重从熟悉企业经营管理和商会运行、有行业影响和威望、具有法律政策素养、公道正派、热心人民调解工作的企业经营者、商会法律顾问、工会代表、相关领域专家及社会人士中聘任。商会人民调解委员会要充分发挥律师的专业优势，积极吸纳律师担任人民调解员。司法行政机关、律师协会要建立律师调解员名册，向商会人民调解委员会推荐，也可以由商会人民调解委员会根据需要自行选择。要积极探索商会人民调解员专业化发展路径，将商会人民调解员纳入社会工作专业人才培养、职业水平评价体系。

司法行政机关要会同工商联将商会人民调解员纳入业务培训规划，组织岗前培训和定期轮训，通过现场观摩、案例研讨等形式，不断提高商会人民调解员综合素质。省级以上司法行政机关、工商联要注重示范培训工作。

商会人民调解委员会要建立健全人民调解员聘用、学习、培训、考评、奖惩等管理制度，加强对商会人民调解员的管理。对商会人民调解员的违法违纪行为，要按照人民调解法等有关规定处理。

7. 加强制度化、规范化建设。商会人民调解委员会应加强规范管理，建立健全各项规章制度。经调解达成协议的，商会人民调解委员会可以依法制作人民调解协议书；双方当事人认为无需制作调解协议书的，可以采取口头协议方式，人民调解员应当记录协议内容，由双方签字确认；调解不成的，告知当事人可以依法通过仲裁、行政、司法等途径维护自己的权益。依法达成的人民调解协议具有法律约束力，当事人应当按照约定履行。双方当事人认为有必要的，可以自调解协议生效之日起30日内共同向人民法院申请司法确认。人民法院依法确认调解协议有效，一方当事人拒绝履行或者未全部履行的，对方当事人可以向人民法院申请强制执行；人民法院依法确认调解协议无效的，当事人可以通过人民调解方式变更原调解协议或者达成新的调解协议，也可以向人民法院提起诉讼。

8. 提高工作质量水平。商会人民调解委员会要定期或不定期在会员企业进行矛盾纠纷排查，发现风险隐患及时化解。要灵活运用情、理、法相结合的方式，促成当事人达成调解协议，实现案结事了。要坚持依法调解，注重运用商事调解规则、惯例，不断增强商会人民调解的权威性和公信力。要通过开展商会人民调解工作加强法治宣传教育，引导企业依法合规经营。要加强专家库建设，根据需要邀请专家参与行业专业领域重大纠纷调解。要创新商会人民调解工作方式方法，加强商会人民调解工作信息化建设，广泛运用互联网、手机等现代信息化手段开展调解，提高工作实效。

9. 加强工作保障。商会组织要为商会人民调解委员会开展工作提供办公场所、办公设施和必要的工作经费。各级工商联和司法行政机关要按照《财政部、司法部关于进一步加强人民调解工作经费保障的意见》要求，积极争取落实商会人民调解委员会补助经费和人民调解员补贴经费。按照《财政部、民政部、工商总局关于印发政府购买服务管理办法（暂行）的通知》要求，积极争取把商会人民调解作为社会管理性服务内容纳入政府购买服务指导性目录，提高经费保障水平。鼓励社会各界为商会人民调解工作捐赠赞助，提供场地、人员等人财物支持。有条件的商会，对律师担任商会人民调解员的，可给予适当的案件补贴。对涉及商会会员企业之间以及会员企业与生产经营关联企业、其他单位之间的民商事纠纷，也可依据《最高人民法院、司法部关于开展律师调解试点工作的意见》有关规定，按照有偿和低价的原则收取调解费。

四、加强商会人民调解工作组织领导

10. 注重协调配合。各级工商联和司法行政机关要密切配合，建立统筹协调工作机制，加强信息共享，开展联合督导，认真总结商会人民调解工作的经验做法，定期研究解决遇到的新情况、新问题。发挥人民调解员协会对商会人民调解工作的积极作用。积极争取当地综治部门、司法机关、民政、仲裁机构及相关单位对商会人民调解工作的支持配合，加强工作衔接。

11. 明确任务职责。各级工商联要切实履行商会业务主管部门职责，加强对商会的指导、引导和服务，主动与司法行政机关沟通联系，及时了解和反映商会人民调解组织运行情况，在商会人民调解组织的设立、调解员的选聘和培训、专家库的建立等方面给予支持和配合。各级司法行政机关要认真履行对商会人民调解工作的指导职责，加强设立指导、人员培训、制度建设和业务规范，依托公共法律服务中心等平台资源，发挥律师、基层法律服务、公证、司法鉴定、法律援助、法治宣传等职能优势，形成化解矛盾纠纷的工作合力。

12. 加强宣传表彰。要运用广播电视、报刊杂志以及网络等新媒体，大力宣传商会人民调解优势特点、经验成效和典型案例，宣传表彰商会人民调解工作中涌现出的先进典型，不断扩大商会人民调解工作群众认知度和社会影响力，为商会人民调解工作开展营造良好氛围。

全国工商联、司法部有关负责人就《关于推进商会人民调解工作的意见》答记者问

为认真贯彻落实党的十九大精神，充分发挥工商联所属商会组织优势和人民调解基础性作用，预防化解非公有制经济领域矛盾纠纷，维护社会和谐稳定，2018 年 3 月 27 日，全国工商联、司法部联合印发了《关于推进商会人民调解工作的意见》（以下简称《意见》）。

问：制定出台《意见》的背景和意义是什么？

答：党的十九大报告提出，要打造共建共治共享的社会治理格局，强调加强预防和化解社会矛盾机制建设，正确处理人民内部矛盾。非公有制经济是社会主义市场经济的重要组成部分，是我国经济社会发展的重要基础。目前，我国有近 2500 万家私营企业，6000 多万个体工商户，他们在生产经营管理、劳资关系、知识产权保护等方面矛盾纠纷多发，自身化解纠纷能力弱，是社会治理的重点，也是薄弱环节。商会是以非公有制企业和非公有制经济人士为主体，自愿组建、自筹经费、自主管理的社会组织，具有统战性、经济性、民间性有机统一基本特征，是工商联的基层组织和工作依托，是化解非公有制经济领域矛盾纠纷的重要阵地。人民调解是中国特色非诉讼纠纷解决方式，具有形

式灵活、方便快捷、不伤和气等优势特点。商会人民调解是人民调解工作在非公有制经济领域的延伸拓展，是工商联加强法律服务、促进非公有制经济健康发展和非公有制经济人士健康成长的实际举措。加强商会人民调解工作，是工商联和司法行政机关加强预防和化解社会矛盾机制建设的重要实践，对于推进中国特色商会建设，拓展人民调解工作领域，提升商会服务能力，促进商会调解规范化、法治化发展，为非公有制企业营造良好发展环境具有重要意义。

问：推进商会人民调解工作的指导思想和工作目标？

答：推进商会人民调解工作，要深入学习贯彻党的十九大精神，以习近平新时代中国特色社会主义思想为指导，全面贯彻落实人民调解法，加强商会人民调解组织和队伍建设，健全完善商会人民调解工作制度和工作机制，不断提高服务企业的能力和水平，为非公有制经济持续健康发展提供有力保障。通过大力推进商会人民调解工作，建立健全商会人民调解组织，发展商会人民调解员队伍，形成具有商会特色的人民调解工作机制，打造有影响的商会人民调解服务品牌，使商会人民调解成为化解非公有制经济领域矛盾纠纷、维护社会和谐稳定的重要途径。

问：《意见》明确商会人民调解的调解范围有哪些？

答：调解涉及商会会员的各类民间纠纷，包括商会会员间的纠纷，会员企业与职工间的纠纷，会员与生产经营关联方间的纠纷，会员与其他单位或人员间的纠纷，以及其他适合人民调解的民间纠纷。

问：《意见》指出商会人民调解委员会调解纠纷应当遵循哪些原则？

答：一是在当事人自愿、平等的基础上进行调解；二是尊重当事人的权利，不得因调解而阻止当事人依法通过仲裁、行政、司法等途径维护自己的权利；三是注重主动预防，积极化解纠纷，消除风险隐患，有效维护企业和员工合法权益；四是不违背法律、法规和国家政策，兼顾行业标准和商事惯例；五是注重改革创新，形成具有商会特色的调解工作制度机制。

问：非公有制企业对纠纷调解有哪些需求，商会人民调解自身有何特色？

答：当前，涉及非公有制企业的矛盾纠纷主要有：企业内部的劳动合同、工资薪酬、社会保险、工伤认定、休息休假及经济补偿赔偿等劳动争议；合同履行、承揽定作、货款赊欠、工程劳务等合同纠纷；企业与厂区周边在施工扰民、道路使用、“三废”排放等产生的相邻纠纷；涉及企业股权、知识产权纠纷以及商品（服务）消费、房屋租赁、交通事故、婚姻家庭等。这些矛盾纠纷依靠非公有制企业自身的力量无法得到及时有效化解，往往会寻求商会帮助。目前，各级工商联所属商会共有4.4万个，其中行业商会13558个（占比30.6%），乡镇商会16617个（占比37.5%），街道商会4189个（占比9.4%），异地商会6388个（占比14.4%）；市场、园区、楼宇、村等其他类型商会3623个（占比8.2%）。商会人民调解具有自身的特点，一是纠纷类型的特殊性。商会会员以中小微企业为主，纠纷类型多与企业经济行为特别是民商事活动相关，行业性专业性色彩较为明显。二是调解人员的特殊性。商会人民调解员多由熟悉商会运行和企业经营管理的商会人员和企业经营者担任，同时要注重发挥律师的专业优势。三是适用规则的特殊性。开展调解工作，除适用法律、法规和国家政策，还要注重运用商事调解规则、惯例。四是调解方式的特殊性。在调解工作中，更加强调保守企业商业秘密，维系商业往来和合作关系。

问：《意见》对商会人民调解组织建设提出了哪些要求？

答：设立商会人民调解委员会应当在司法行政机关指导下，遵守人民调解法的各项规定，由商会组织依法设立。要坚持以基层为主，从实际出发，分类有序推进，成熟一个发展一个，不搞一刀切。对矛盾纠纷多发、确有必要设立、商会组织有保障能力的、及时推动设立商会人民调解组织。工商联协助商会人民调解委员会做好向当地司法行政机关备案等工作。尚不具备条件的，司法行政机关可根据需要指导现有人民调解委员会设立专门的人民调解商会服务窗口或吸收商会人员担任人民调解员，也可在商会设立人民调解（律师调解）工作室或联络站，及时受理并开展调解工作。商会人民调解委员会的名称包括“商会组织名称”和“人民调解委员会”，应有必要的办公场地和设施，悬挂规范的人民调解委员会标牌和人民调解标识，公开人民调解工作制度及人民调解委员会组成人员，做到“五落实”（即组织、人员、经费、场所、制度落实）和“六统一”（即名称、印章、标识、徽章、程序、文书统一）。

问：《意见》对商会人民调解员队伍建设提出了哪些要求？

答：商会人民调解员由商会人民调解委员会委员和商会人民调解委员会聘任的人员担任。商会人民调解委员会可以根据需要聘请专兼职人民调解员，注重从熟悉企业经营管理和商会运行、有行业影响和威望、具有法律政策素养、公道正派、热心人民调解工作的企业经营者、商会法律顾问、工会代表、相关领域专家及社会人士中聘任。要积极发挥律师的专业优势，吸纳律师担任商会人民调解委员会委员或调解员。商会人民调解委员会要建立健全人民调解员聘用、学习、培训、考评、奖惩等管理制度，加强对商会人民调解员的管理。对商会人民调解员的违法违纪行为，要按照人民调解法等有关规定处理。司法行政机关要会同工商联将商会人民调解员纳入业务培训规划，组织岗前培训和定期轮训。省级以上司法行政机关、工商联要注重示范培训工作。

问：《意见》对提高商会人民调解工作质量提出哪些要求？

答：商会人民调解委员会要定期或不定期在会员企业进行矛盾纠纷排查，发现风险隐患及时化解。要灵活运用情、理、法相结合的方式，促成当事人达成调解协议，实现案结事了。要坚持依法调解，注重运用商事调解规则、惯例，不断增强商会人民调解的权威性和公信力。要通过开展商会人民调解工作加强法治宣传教育，引导企业依法合规经营。要加强专家库建设，根据需要邀请专家参与行业专业领域重大纠纷调解。要创新商会人民调解工作方式方法，加强商会人民调解工作信息化建设，广泛运用互联网、手机等现代信息化手段开展调解，提高工作实效。

问：《意见》对商会人民调解工作健康发展提供了哪些保障和支持？

答：商会组织要为商会人民调解委员会开展工作提供办公场所、办公设施和必要的工作经费。各级工商联和司法行政机关要按照《财政部、司法部关于进一步加强人民调解工作经费保障的意见》要求，积极争取落实商会人民调解委员会补助经费和人民调解员补贴经费。按照《财政部、民政部、工商总局关于印发政府购买服务管理办法（暂行）的通知》要求，积极争取把商会人民调解作为社会管理性服务内容纳入政府购买服务指导性目录，提高经费保障水平。鼓励社会各界为商会人民调解工作捐赠赞助，提供场地、人员等人财物支持。有条件的商会，对律师担任商会人民调解员的，可给予适当的案件补贴。要加强宣传表彰，大力宣传商会人民调解优势特点、经验成效和典型案例，宣传表彰商会人民调解工作中涌现出的先进典型，不断扩大商会人民调解工作群众认知度和社会影响力，为商会人民调解工作开展营造良好氛围。

问：《意见》对工商联、司法行政机关提出了哪些具体要求？

答：各级工商联要切实履行商会业务主管部门职责，加强对商会的指导、引导和服务，主动与司法行政机关沟通联系，及时了解和反映商会人民调解组织运行情况，在商会人民调解组织的设立、调解员的选聘和培训、专家库的建立等方面给予支持和配合。各级司法行政机关要认真履行对商会人民调解工作的指导职责，加强设立指导、人员培训、制度建设和业务规范，依托公共法律服务中心等平台资源，发挥律师、基层法律服务、公证、司法鉴定、法律援助、法治宣传等职能优势，形成化解矛盾纠纷的工作合力。

最高人民法院
关于深入贯彻落实《中华人民共和国人民陪审员法》的通知

2018 年 4 月 28 日　　法〔2018〕110 号

各省、自治区、直辖市高级人民法院，新疆维吾尔自治区高级人民法院生产建设兵团分院：

2018 年 4 月 27 日，第十三届全国人民代表大会常务委员会第二次会议已审议通过《中华人民共和国人民陪审员法》（以下简称《人民陪审员法》）并于同日公布施行。《人民陪审员法》的出台是中国特色社会主义法治建设的一件大事，也是保障公民民主权利、推进司法民主建设新的里程碑。为深入贯彻落实《人民陪审员法》，在人民法院审判工作中更好实现人民陪审员制度的功能效果，现将有关事宜通知如下：

一、充分认识贯彻落实《人民陪审员法》的重要意义

《人民陪审员法》全面总结了全国人大常委会《关于完善人民陪审员制度的决定》施行十三年来的实践经验，以单行法律形式将十八届三中、四中全会以来的改革试点经验固定下来，对人民陪审员的选任、参审、管理等方面作了进一步完善，标志着我国人民陪审员制度进入一个新的发展阶段。正确贯彻执行《人民陪审员法》，有利于完善中国特色社会主义司法制度，对于推进司法民主、促进司法公正、保障司法廉洁、提升司法公信，让人民群众在每一个司法案件中感受到公平正义，有着十分重要的意义。

各级人民法院要充分认识制定《人民陪审员法》的重要意义，高度重视《人民陪审员法》的贯彻落实，切实把学习、宣传、贯彻《人民陪审员法》作为一项重要工作提上议事日程。要紧紧依靠当地党委的坚强领导、人大及其常委会的有力监督、政府有关部门的大力配合以及社会各界的关心支持，以《人民陪审员法》的颁布为契机，完善工作机制，加大工作力度，扩大社会影响，努力开创人民陪审员工作的新局面。

各高级人民法院要切实担负起贯彻落实《人民陪审员法》的主体责任，结合本地实际，尽快研究制定贯彻落实《人民陪审员法》的一揽子工作方案和实施办法，加强组织协调，抓好工作部署，明确工作责任，强化指导监督，层层抓好落实。

二、加强《人民陪审员法》的学习宣传

各级人民法院要有计划、分批次开展形式多样的学习活动，首先抓好法院领导干部和广大法官的学习，先学一步，学深一层，全面、准确学习领会《人民陪审员法》的立法精神和主要内容，努力提高广大法官对《人民陪审员法》的理解和适用水平，增强广大法官指导人民陪审员有效参审的能力，确保《人民陪审员法》的各项规定深入人心，有效实施。

要采取措施，依托电视、报纸、广播、网络、手机、新闻发布会、座谈会、宣讲会等载体，通过官方网站、微博、微信等新媒体平台，采取进社区、进企业、访群众等多种方式，全方位、立体式广泛宣传《人民陪审员法》立法的重大意义、主要内容以及人民陪审员参审的典型案例和实际成效，充分发挥社会舆论的引导作用，进一步增强全社会对人民陪审员制度的认知、理解和支持，在全社会积极营造贯彻执行《人民陪审员法》的良好氛围。

三、积极配合司法行政机关做好人民陪审员选任

《人民陪审员法》实施后，人民陪审员选任工作将由司法行政机关牵头，基层人民法院、公安机关配合开展。各高级人民法院要积极协调配合同级司法行政机关，尽快研究出台关于本地区人民陪审员选任工作方案，精心组织，把握进度，严格把关。采取有效措施，指导辖区内各基层人民法院配合司法行政机关，如期完成第一批人民陪审员的选任工作。

各基层人民法院要积极配合司法行政机关做好人民陪审员随机抽选、资格

审查等工作，并负责做好人民陪审员提请任命、就职宣誓等工作。各地人民陪审员选任情况由高级人民法院汇总后报最高人民法院政治部。

为确保审判活动的正常进行，《人民陪审员法》施行前已经任命的人民陪审员继续任职，任期届满后自动免除职务。对不符合《人民陪审员法》规定的选任条件的人民陪审员，应当提请同级人民代表大会常务委员会免除其人民陪审员职务。

《人民陪审员法》施行后，各基层人民法院首先要对留任的人民陪审员人数进行摸底统计，在此基础上，充分考虑到本院审判工作状况，以及满足上级人民法院从本院随机抽取人民陪审员等实际需要，按照人民陪审员名额不低于本院法官人数三倍的规定，及时提请同级人民代表大会常务委员会确定人民陪审员的名额，并通报同级司法行政机关，层报高级人民法院备案。今后，因审判活动需要，通过个人申请和组织推荐方式选任的人民陪审员数量不得超过人民陪审员名额数的五分之一。

四、严格执行人民陪审员参加审判活动的各项规定

《人民陪审员法》仅适用于法律施行后受理的第一审刑事、民事、行政案件，《人民陪审员法》施行前受理的第一审刑事、民事、行政案件，人民陪审员参加的审判活动继续有效。

各高级人民法院要指导所辖法院合理确定人民陪审员的参审案件范围，正确把握事实审和法律审界限，防止片面追求陪审率，杜绝“驻庭陪审员”“编外法官”等情况，努力实现从注重陪审案件“数量”向关注陪审案件“质量”转变。各级人民法院根据本辖区实际情况，合理确定人民陪审员年度参审案件数上限，及时以适当形式向社会公告，并层报高级人民法院备案。

各级人民法院要充分运用信息化手段，不断完善随机抽取人民陪审员参加案件审理的工作制度和技术保障机制，确保参加个案审理的人民陪审员均通过随机抽取方式确定，防止出现少数人民陪审员与法官组成固定合议庭审理案件的现象，让更多的人民陪审员有机会参与案件审理。

各级人民法院要强调法官对人民陪审员参审案件的指引、提示义务，增强指引意识，提高指引能力，规范指引方式，强化释明责任，对案件涉及的事实认定、证据规则、法律规定等事项，以及人民陪审员应当注意的案件焦点问题，法官应当及时予以指引、提示和释明，充分发挥人民陪审员在审判工作中

的实质性作用。

五、加强人民陪审员的培训、管理、保障

各级人民法院要改进和加强人民陪审员的培训工作。根据人民陪审员参审职权变化和新的履职要求，对人民陪审员有计划地进行全员培训，加强对人民陪审员权利义务、诉讼程序、庭审技能等内容的培训，充分利用案例教学、现场观摩、专题报告等形式，切实提高人民陪审员的履职能力。

要把人民陪审员工作纳入到人民法院信息化建设的大格局中，加强信息化建设力度，实现最高人民法院人民陪审员信息管理系统与各级地方法院人民陪审员管理系统的互通互联，实现人民陪审员管理系统与本地审判管理系统信息的互通互联，积极推进人民陪审员信息管理与分析、陪审员履职管理、陪审员评价管理、陪审员监督管理和陪审员服务平台功能建设；积极运用手机 APP、远程阅卷、电子签章等信息科技手段，实现选任、参审、管理的全程信息化，进一步提升人民陪审员管理的信息化水平，为人民陪审员参审提供便利。

各级人民法院要主动协调财政部门，将人民陪审员因参加审判活动应当享受的补助、人民法院落实人民陪审员选任、管理、培训等所必需的开支，列入人民法院业务经费予以足额保障。

六、认真做好经验总结和意见反馈工作

各级人民法院在学习、宣传、贯彻执行《人民陪审员法》的过程中，要不断总结经验，对遇到的新问题，要认真研究并提出具体意见，由高级人民法院汇总后，及时向最高人民法院报告。最高人民法院将适时对各高级人民法院贯彻落实《人民陪审员法》的情况进行专项督查，及时指导各地人民陪审员工作，确保《人民陪审员法》的正确实施。

最高人民法院办公厅

关于印发2017年中国法院10大知识产权案件和50件典型知识产权案例的通知

2018年4月16日　　法办〔2018〕66号

各省、自治区、直辖市高级人民法院，解放军军事法院，新疆维吾尔自治区高级人民法院生产建设兵团分院：

2017年，在以习近平同志为核心的党中央坚强领导下，人民法院坚持以习近平新时代中国特色社会主义思想为指导，全面贯彻落实党的十八大和十九大精神，忠实履行宪法法律赋予的职责，牢固树立“四个意识”，紧紧围绕“努力让人民群众在每一个司法案件中感受到公平正义”的工作目标，充分发挥司法保护知识产权的主导作用，不断推进知识产权审判体系和审判能力现代化，提升知识产权领域司法公信力和国际影响力，为建设知识产权强国和世界科技强国作出了积极贡献。为集中展示人民法院知识产权司法保护工作的成就，充分发挥典型案例的示范引导作用，经各高级人民法院推荐，并结合2017年最高人民法院审理的知识产权案件情况，最高人民法院依照相关程序选定了2017年中国法院10大知识产权案件和50件典型知识产权案例。现将这些案件和典型案例名单印发，供各级人民法院在知识产权审判工作中参考借鉴。

2017年中国法院10大知识产权案件

1. 广东加多宝饮料食品有限公司与广州王老吉大健康产业有限公司、广州医药集团有限公司擅自使用知名商品特有包装装潢纠纷两案〔最高人民法院（2015）民三终字第2、3号民事判决书〕

2. 西峡龙成特种材料有限公司与榆林市知识产权局、陕西煤业化工集团神木天元化工有限公司专利侵权纠纷行政处理案〔最高人民法院（2017）最高法行再84号行政判决书〕

3. 福州米厂与五常市金福泰农业股份有限公司、福建新华都综合百货有限公司福州金山大景城分店、福建新华都综合百货有限公司侵害商标权纠纷案〔最高人民法院（2016）最高法民再374号民事判决书〕

4. 国家知识产权局专利复审委员会与北京万生药业有限责任公司、第一三共株式会社发明专利权无效行政纠纷案〔最高人民法院（2016）最高法行再41号行政判决书〕

5. 商务印书馆有限公司与华语教学出版社有限责任公司侵害商标权及不正当竞争纠纷案〔北京知识产权法院（2016）京73民初277号民事判决书〕

6. 沈韦宁、沈丹燕、沈迈衡与南京经典拍卖有限公司、张晖著作权权属、侵害著作权纠纷案〔江苏省南京市中级人民法院（2017）苏01民终8048号民事判决书〕

7. 捷豹路虎有限公司与广州市奋力食品有限公司、万明政侵害商标权纠纷案〔广东省高级人民法院（2017）粤民终633号民事判决书〕

8. 四川中正科技有限公司与广西壮族自治区博白县农业科学研究所、王腾金、刘振卓、四川中升科技种业有限公司侵害植物新品种权纠纷案〔广西壮族自治区高级人民法院（2017）桂民终95号民事判决书〕

9. 鹤壁市反光材料有限公司与宋俊超、鹤壁睿明特科技有限公司、李建发侵害商业秘密纠纷案〔河南省高级人民法院（2016）豫民终347号民事判决书〕

10. 北京易查无限信息技术有限公司、于东侵犯著作权罪案〔上海市浦东新区人民法院（2015）浦刑（知）初字第12号刑事判决书〕

2017年中国法院50件典型知识产权案例

一、知识产权民事案件

（一）侵害专利权及专利权权属纠纷案件

1. 谭熙宁与镇江新区恒达硅胶有限公司侵害实用新型与外观设计专利权纠纷案〔最高人民法院（2017）最高法民申3712号民事裁定书〕

2. 日本电产（东莞）有限公司与LG伊诺特有限公司、北京中南双绿科技有限公司发明专利临时保护期使用费和侵害发明专利权纠纷案〔北京市高级人民法院（2017）京民终55号民事判决书〕

3. 天津碎易得环保工程技术有限公司与碎得机械（北京）有限公司、杨海龙、王虎成、贾云鹏专利权权属纠纷案〔天津市高级人民法院（2017）津民终98号民事判决书〕

4. 南京麦澜德医疗科技有限公司、史志怀、杨瑞嘉、周干、杨东与南京伟思医疗科技股份有限公司专利权权属纠纷案〔江苏省高级人民法院（2016）苏民终988号民事判决书〕

5. 杭州永创智能设备股份有限公司与台州旭田包装机械有限公司、上海朝田包装机械有限公司、东莞市旭田包装机械有限公司侵害实用新型专利权纠纷案〔浙江省高级人民法院（2017）浙民终160号民事判决书〕

6. 杭州骑客智能科技有限公司与浙江波速尔运动器械有限公司侵害实用新型专利权纠纷案〔浙江省高级人民法院（2017）浙民终213号民事判决书〕

7. 日照市立盈机械制造有限公司与日照市德福机械制造有限公司侵害发明专利权纠纷案〔山东省高级人民法院（2017）鲁民终890号民事判决书〕

8. 广东力维智能锁业有限公司与广东必达保安系统有限公司侵害外观设计专利权纠纷案〔广东省高级人民法院（2016）粤民终1134号民事判决书〕

9. 飞利浦优质生活有限公司与佛山市顺德区巨天电器有限公司侵害发明专利权纠纷案〔广东省高级人民法院（2017）粤民终1125号民事判决书〕

（二）侵害商标权纠纷案件

10. 菏泽汇源罐头食品有限公司与北京汇源食品饮料有限公司侵害商标权及不正当竞争纠纷案〔最高人民法院（2015）民三终字第7号民事判决书〕

11. 太原大宁堂药业有限公司与山西省药材公司侵害商标权及不正当竞争纠纷案〔最高人民法院（2015）民提字第46号民事判决书〕

12. 曹晓冬与云南下关沱茶（集团）股份有限公司侵害商标权纠纷案〔最高人民法院（2017）最高法民再273号民事判决书〕

13. 贵州永红食品有限公司与贵阳南明老干妈风味食品有限责任公司、北京欧尚超市有限公司侵害商标权及不正当竞争纠纷案〔北京市高级人民法院（2017）京民终28号民事判决书〕

14. 索菲亚家居股份有限公司与吕小林、尹丰荣、南阳市索菲亚集成吊顶

有限公司侵害商标权及不正当竞争纠纷案〔浙江省高级人民法院（2016）浙民终794号民事判决书〕

15. 刘悦与合肥市安之酸化妆品有限责任公司、合肥安之酸营养美发经营有限公司、北京御奇日通化妆品有限公司、北京韦氏·黛安娜化妆品有限公司侵害商标权纠纷案〔安徽省高级人民法院（2017）皖民终525号民事判决书〕

16. 上海瑷馨露贸易有限公司与山东省对外贸易泰丰有限公司及青岛正颐堂贸易有限公司、麦凯乐（青岛）百货总店有限公司侵害商标权纠纷案〔山东省高级人民法院（2016）鲁民终493号民事判决书〕

17. 贵州家有在线网络有限公司与家有购物集团股份有限公司侵害商标权纠纷案〔贵州省高级人民法院（2017）黔民终822号民事判决书〕

18. 拉菲罗斯柴尔德酒庄与上海保醇实业发展有限公司、保正（上海）供应链管理股份有限公司侵害商标权纠纷案〔上海知识产权法院（2015）沪知民初字第518号民事判决书〕

19. 汕头市德生食品厂与济南槐荫金福广调味干果商行、广州康赢食品有限公司侵害商标权纠纷案〔山东省济南市中级人民法院（2016）鲁01民初1856号民事判决书〕

20. 田任月与张家界市永定区胖嫂打鼓皮餐馆、胡金英侵害商标权纠纷案〔湖南省张家界市中级人民法院（2017）湘08民初18号民事判决书〕

21. 哥伦比亚运动服装公司与石河子市联邦阿迪服装店侵害商标权纠纷案〔新疆生产建设兵团第八师中级人民法院（2016）兵08民初50号民事判决书〕

22. 法国轩尼诗公司与蓬莱酒业有限公司侵害商标权纠纷案〔重庆市渝北区人民法院（2016）渝0112民初17407号民事判决书〕

23. 曾红云与梦工厂动画影片公司网络域名权属、侵权纠纷案〔福建省厦门市思明区人民法院（2015）思民初字第4746号民事判决书〕

（三）侵害著作权纠纷案件

24. 深圳市飞鹏达精品制造有限公司与北京中航智成科技有限公司侵害著作权纠纷案〔最高人民法院（2017）最高法民再353号民事判决书〕

25. 李艳霞与吉林市永鹏农副产品开发有限公司、南关区本源设计工作室侵害著作权纠纷案〔最高人民法院（2017）最高法民申2348号民事裁定书〕

26. 北京代代读图书有限公司与北京方正阿帕比技术有限公司、国家图书馆侵害著作权纠纷案〔北京市海淀区人民法院（2015）海民（知）初字第

26904 号民事判决书〕

27. 北京金铠星科技有限公司与大连市机动车污染管理处、深圳市安车检测股份有限公司、大连市环境保护局侵害计算机软件著作权纠纷案〔辽宁省大连市中级人民法院（2016）辽02民终5082号民事判决书〕

28. 宝高（南京）教育玩具有限公司、熙华世（南京）科技有限公司、晋江市东兴电子玩具有限公司与南京金宝莱工贸有限公司侵害其他著作财产权纠纷案〔江苏省高级人民法院（2016）苏民终482号民事判决书〕

（四）不正当竞争、合同纠纷案件

29. 河北六仁烤饮品有限公司与河北养元智汇饮品股份有限公司、金华市金东区叶保森副食店擅自使用知名商品特有包装装潢纠纷案〔最高人民法院（2017）最高法民申3918号民事裁定书〕

30. 陕西白水杜康酒业有限责任公司与洛阳杜康控股有限公司商业诋毁纠纷案〔陕西省高级人民法院（2017）陕民终154号民事判决书〕

31. 哈尔滨市福龙食品酿造厂与黑龙江省克东腐乳有限公司不正当竞争纠纷案〔黑龙江高级人民法院（2017）黑民终55号民事判决书〕

32. 无锡市晶源微电子有限公司、无锡友达电子有限公司、深圳市亿达微电子有限公司与恩智浦半导体股份公司、NXP股份有限公司、恩智浦半导体荷兰有限公司、恩智浦（中国）管理有限公司擅自使用知名商品特有名称纠纷案〔广东省深圳市中级人民法院（2017）粤03民终835号民事判决书〕

33. 北京万岩通软件有限公司与北京恰行者科技有限公司、石浩田、陈辉侵害商业秘密纠纷案〔北京市海淀区人民法院（2016）京0108民初7465号民事判决书〕

34. 阳朔县东院弥香客栈与阳朔县玉山居客栈、张超擅自使用知名商品特有装潢纠纷案〔广西壮族自治区桂林市叠彩区人民法院（2017）桂0303民初214号民事判决书〕

35. 渝中区晓宇老火锅与渝北区林峰晓宇餐饮店不正当竞争纠纷案〔重庆市渝北区人民法院（2017）渝0112民初7238号民事判决书〕

36. 天津那是生活文化传播有限公司与上海珂兰商贸有限公司知识产权合同纠纷案〔天津市高级人民法院（2017）津民终489号民事判决书〕

37. 重庆市足下软件职业培训学院与毛志刚合同纠纷案〔重庆市沙坪坝区人民法院（2017）渝0106民初3840号民事判决书〕

（五）侵害植物新品种权、垄断及知识产权诉讼损害责任纠纷

38. 南通市粮棉原种场与江苏省高科种业科技有限公司植物新品种追偿权纠纷案〔江苏省高级人民法院（2017）苏民终58号民事判决书〕

39. 王丹阳与北京百度网讯科技有限公司滥用市场支配地位纠纷案〔黑龙江省哈尔滨市中级人民法院（2015）哈知初字第8号民事判决书〕

40. 华奇（中国）化工有限公司与圣莱科特化工（上海）有限公司恶意提起知识产权诉讼损害责任纠纷案〔上海市高级人民法院（2016）沪民终501号民事判决书〕

二、知识产权行政案件

（一）专利行政案件

41. 传感电子有限责任公司与国家知识产权局专利复审委员会、宁波讯强电子科技有限公司发明专利权无效行政纠纷案〔最高人民法院（2016）最高法行再19号行政判决书〕

42. 刘长寿、周闻涛、刘翔与国家知识产权局专利复审委员会实用新型专利申请驳回复审行政纠纷案〔最高人民法院（2017）最高法行申5980号行政裁定书〕

43. 无锡市知识产权局与江阴澄华投资发展有限公司、无锡市红光标牌有限公司专利侵权纠纷处理决定案〔江苏省高级人民法院（2017）苏行终610号行政判决书〕

（二）商标行政案件

44. 迈克尔·杰弗里·乔丹与国家工商行政管理总局商标评审委员会、乔丹体育股份有限公司商标争议行政纠纷案〔最高人民法院（2015）知行字第332号行政裁定书〕

45. 四川省宜宾五粮液集团有限公司与国家工商行政管理总局商标评审委员会、甘肃滨河食品工业（集团）有限责任公司商标异议复审行政纠纷案〔最高人民法院（2014）知行字第37号行政裁定书〕

46. 温州市伊久亮光学有限公司与达马股份有限公司、国家工商行政管理总局商标评审委员会商标权无效宣告请求行政纠纷案〔最高人民法院（2017）最高法行申7174号行政裁定书〕

47. 安徽国润茶业有限公司与祁门县祁门红茶协会、国家工商行政管理总局商标评审委员会商标权无效宣告请求行政纠纷案〔北京市高级人民法院

(2017) 京行终3288号行政判决书〕

(三) 其他行政案件

48. 捷豹路虎（中国）投资有限公司与上海市浦东新区市场监督管理局、上海市浦东新区人民政府行政复议决定案〔上海市浦东新区人民法院 (2017) 沪0115行初291号行政判决书〕

三、知识产权刑事案件

49. 合肥市国耀电子有限公司、钟传锐销售假冒注册商标的商品罪案〔安徽省合肥高新技术产业开发区人民法院 (2017) 皖0191刑初56号刑事判决书〕

50. 陈奕泉等四人侵犯商业秘密罪案〔广东省深圳市龙岗区人民法院 (2016) 粤0307刑初2539号刑事判决书〕

2017年中国法院10大知识产权案件简介

1. 王老吉加多宝知名商品特有包装装潢纠纷案

广东加多宝饮料食品有限公司与广州王老吉大健康产业有限公司、广州医药集团有限公司擅自使用知名商品特有包装装潢纠纷两案〔最高人民法院 (2015) 民三终字第2、3号民事判决书〕

【案情摘要】2012年7月6日，广州医药集团有限公司（以下简称广药集团）与广东加多宝饮料食品有限公司（以下简称加多宝公司）分别向法院提起诉讼，均主张享有“红罐王老吉凉茶”知名商品特有包装装潢的权益，并据此指控对方生产销售的红罐凉茶商品的包装装潢构成侵权。一审法院认为，“红罐王老吉凉茶”包装装潢的权益享有者应为广药集团，广州王老吉大健康产业有限公司（以下简称大健康公司）经广药集团授权生产销售的红罐凉茶不构成侵权。由于加多宝公司不享有涉案包装装潢权益，故其生产销售的一面“王老吉”、一面“加多宝”和两面“加多宝”的红罐凉茶均构成侵权。一审法院遂判令加多宝公司停止侵权行为，刊登声明消除影响，并赔偿广药集团经济损失1.5亿元及合理维权费用26万余元，同时驳回加多宝公司的诉讼请求。加多宝公司不服两案一审判决，向最高人民法院提起上诉。最高人民法院终审判决认为，本案中的知名商品为“红罐王老吉凉茶”，在红罐王老吉凉茶产品的罐体上包括“黄色王老吉文字、红色底色等色彩、图案及其排列组合等组成部分在内的整体内容”，为知名商品特有包装装潢。广药集团与加多宝公司均主张对红罐王老吉凉茶的特有包装装潢享有权益，最高人民法院对此认为，结合红罐王老吉凉茶的历史发展过程、双方的合作背景、消费者的认知及公平原则的考量，因广药集团及其前身、加多宝公司及其关联企业，均对涉案特有包装装潢权益的形成、发展和商誉建树，各自发挥了积极的作用，将涉案特有包装装潢权益完全判归一方所有，均会导致显失公平的结果，并可能损及社会公众利益。因此，涉案知名商品特有包装装潢权益，在遵循诚实信用原则和尊重消费者认知并不损害他人合法权益的前提下，可由广药集团与加多宝公司共同享有。在此基础上，广药集团与加多宝公司相互指控对方生产销售的红罐凉茶商品构成擅自使用他人知名商品特有包装装潢的主张，均不能成立，对广药集团及加多宝公司的诉讼请求均予以驳回。

【典型意义】最高人民法院公开开庭审理、宣判王老吉与加多宝包装装潢纠纷两案，新闻媒体、社会公众高度关注。两案宣判后，人民日报、中央电视台、新华社等主流媒体均在第一时间进行了报道。社会舆论高度赞赏最高人民法院判决“用法治收获双赢”，凸显“司法智慧”。境内外媒体高度肯定本案判决对类似案件审判起到的指导作用，认为本案具有重大标杆意义。与此同时，判决释放出“平等保护不同产权”的积极信号，推动行业不断向前发展，受到社会各界认可。此外，两案的判决结果也获得了双方当事人的尊重，实现了法律效果与社会效果的统一。

2. “榆林局”专利侵权纠纷行政处理案

西峡龙成特种材料有限公司与榆林市知识产权局、陕西煤业化工集团神木天元化工有限公司专利侵权纠纷行政处理案〔最高人民法院（2017）最高法行再84号行政判决书〕

【案情摘要】西峡龙成特种材料有限公司（以下简称西峡公司）以陕西煤业化工集团神木天元化工有限公司（以下简称天元公司）制造、使用的设备侵犯其“内煤外热式煤物质分解设备”实用新型专利权（即涉案专利）为由，请求榆林市知识产权局（以下简称榆林局）行政处理。2015年9月1日，榆林局作出榆知法处字〔2015〕9号《专利侵权纠纷案件处理决定书》（简称被诉行政决定），认定天元公司不构成对涉案专利的侵权。被诉行政决定合议组成员包括宝鸡市知识产权局工作人员苟红东，但无正式公文决定调其参与涉案纠纷的行政处理，且榆林局的口头审理笔录没有记载将苟红东的正式身份及其参与合议组的理由告知西峡公司、天元公司。此外，榆林局对涉案专利侵权纠纷进行了两次口头审理，在第二次口头审理时告知当事人的合议组成员与被诉行政决定书上署名的合议组成员不同。西峡公司不服被诉行政决定，提起行政诉讼。一审法院认为，行政执法人员在系统内调度，属于行政机关内部行为，不违反内部交流制度。鉴于榆林局现有工作人员欠缺，经请示陕西省知识产权局后，抽调宝鸡市知识产权局工作人员参与案件处理并无不当，被诉行政决定的作出并未违反法定程序。被诉行政决定在侵权实体问题的认定上亦无不当，故判决驳回西峡公司诉讼请求。西峡公司不服，提起上诉。二审法院判决驳回上诉、维持原判。西峡公司仍不服，向最高人民法院申请再审。最高人民法院提审本案后认为，被诉行政决定的作出违反法定程序，应予撤销。首先，榆林局在处理平等民事主体关于涉案专利的侵权纠纷时，实际上处于居中裁决的地位，本应秉持严谨、规范、公开、平等的程序原则，但是，在合议组成员已经被明确变更的情况下，却又在被诉行政决定书上署名，构成对法定程序的重大且明显违反。其次，作出被诉行政决定的榆林局合议组应由该局具有专利行政执法资格的工作人员组成。否则，行政执法程序的规范性和严肃性无从保证，既不利于规范行政执法活动，也不利于强化行政执法责任。榆林局提交的陕西省知识产权局协调保护处的所谓答复，实为该处写给该局领导的内部请示，既无文号，更无公章，国家知识产权局专利管理司给陕西省知识产权局的《关于在个案中调度执法人员的复函》晚于被诉行政决定的作出时间，从内容上看与本案无直接关联，均不能作为苟红东参与被诉行政决定合议组的合法、有效依据。再次，榆林局虽主张在口头审理时将苟红东的具体身份以及参与合议组的理由告知过当事人，但其提交的证据并不能证明该项主张，当事人是否认可合议组成员身份并不能成为评判被诉行政行为程序是否合法的前提和要件。因此，榆林局和天元公司提出的“西峡公司对于合议组成员不持异议，故程序合法”的主张不能成立。

【典型意义】本案涉及专利行政执法中程序违法的认定和处理。最高人民法院在本案中明确，已经被明确变更的合议组成员又在被诉行政决定书上署名，实质上等于“审理者未裁决、裁决者未审理”，构成对法定程序的严重违反。原则上，作出被诉行政决定的合议组应由该行政机关具有专利行政执法资格的工作人员组成。即使异地调配执法人员，也应当履行正式、完备的公文手续。本案判决有力规范和促进了行政机关依法行政，彰显知识产权司法保护的主导作用，是充分贯彻《关于加强知识产权审判领域改革创新若干问题的意见》提出的“加强对知识产权行政行为的司法审查”的典型案例，对于推动知识产权领域法治建设和优化科技创新法治环境具有重要意义。

3. “稻花香”商标侵权纠纷案

福州米厂与五常市金福泰农业股份有限公司、福建新华都综合百货有限公司福州金山大景城分店、福建新华都综合百货有限公司侵害商标权纠纷案〔最高人民法院（2016）最高法民再374号民事判决书〕

【案情摘要】福州米厂为第1298859号“稻花香 DAOHUAXIANG”注册商标（即涉案商标）专用权人，涉案商标于1998年3月提出申请，于1999年7月28日获准注册，核定使用商品为第30类大米。2009年3月18日，黑龙江省农作物品种审定委员会出具的《黑龙江省农作物品种审定证书》记载：品种名称为“五优稻4号”，原代号为“稻花香2号”，推广区域为黑龙江省五常市平原自流灌溉区插秧栽培，该品种经区域试验和生产试验，符合推广优良品种条件，决定从2009年起定为推广品种。2014年2月18日，福州米厂经过公证程序，在福建新华都综合百货有限公司福州金山大景城分店（以下简称大景城分店）购买了一袋由五常市金福泰农业股份有限公司（以下简称五常公司）生产、销售的“乔家大院稻花香米”。大米实物包装袋正面中间位置以大字体标注有“稻花香（字体中空，底色黑色）DAOHUAXIANG”。福州米厂以五常公司生产、销售、大景城分店、新华都公司销售的被诉侵权产品侵害其商标权为由，提起诉讼。一审法院认为，“稻花香”不构成通用名称，五常公司未经许可，在产品包装袋上使用与涉案商标非常近似的标志，容易误导消费者，侵害了涉案商标权。遂认定五常公司、大景城分店、新华都公司的行为构成侵权。二审法院认为，基于五常市这一特定的地理种植环境所产生的“稻花香”大米属于约定俗成的通用名称。五常公司在其生产、销售的大米产品包装上使用“稻花香”文字及拼音以表明大米品种来源的行为，主观上出于善意，客观上也未造成混淆误认，应属于正当使用。遂改判撤销一审判决，驳回福州米厂全部诉讼请求。福州米厂不服，向最高人民法院申请再审。最高人民法院提审本案后认为，五常公司并无证据证明“稻花香”属于法定的通用名称。农作物品种审定办法规定的通用名称与商标法意义上的通用名称含义并不完全相同，不能仅以审定公告的名称为依据，认定该名称属于商标法意义上的通用名称。审定公告的原代号为“稻花香2号”，并非“稻花香”，在涉案商标权已在先注册的情况下，不能直接证明“稻花香”为法定通用名称。最高人民法院遂判决撤销二审判决，维持一审判决。

【典型意义】本案涉及注册商标专用权与品种名称之间的关系、通用名称的判断标准等问题。本案所涉“稻花香2号”是我国大米主要产区黑龙江五常地区的优良稻米品种，案件审理广受业界关注，处理结果更直接关系到“稻花香2号”这一稻米品种正常的生产经营活动和市场秩序的规范。最高人民法院通过对商标法中一些重要法律问题的阐释，如法定通用名称与约定俗成通用名称的判断标准以及注册商标专用权与品种名称之间的区别与联系，明确了此类案件的裁判标准，较好地平衡了注册商标权人与品种名称使用人之间的利益关系，在充分保护商标权的前提下，维护了公平有序的市场竞争秩序。

4. “马库什权利要求”专利无效行政纠纷案

国家知识产权局专利复审委员会与北京万生药业有限责任公司、第一三共株式会社发明专利权无效行政纠纷案〔最高人民法院（2016）最高法行再41号行政判决书〕

【案情摘要】第一三共株式会社系名称为“用于治疗或预防高血压症的药物组合物的制备方法”的发明专利（即涉案专利）的权利人。涉案专利权利要求以马库什方式撰写。北京万生药业有限责任公司（以下简称万生公司）以涉案专利不具备创造性等为由向国家知识产权局专利复审委员会（以下简称专利复审委员会）提出无效宣告请求。2010年8月30日，第一三共株式会社对权利要求进行了修改，其中包括：删除了权利要求L中“或其可作药用的盐或酯”中的“或酯”两字；删除权利要求1中R4定义下的“具有1至6个碳原子的烷基”；删除了权利要求L中R5定义下除羧基和式COOR5A外的其他技术方案。专利复审委员会在口头审理过程中告知第一三共株式会社，对于删除权利要求L中“或酯”的修改予以认可，但其余修改不符合专利法实施细则第六十八条的相关规定，该修改文本不予接受。第一三共株式会社和万生公司对此无异议。2011年1月14日，第一三共株式会社提交了修改后的权利要求书替换页，其中删除权利要求1中的“或酯”。专利复审委员会作出第16266号无效宣告请求审查决定（简称第16266号决定），认为涉案专利权利要求L相比于证据1是非显而易见的，具有创造性，符合专利法第二十二条第三款的规定。遂在第一三共株式会社于2011年1月14日提交的修改文本的基础上，维持涉案专利权有效。万生公司不服，提起行政诉讼。一审法院认为，专利复审委员会以不符合专利法实施细则第六十八条的规定对第一三共株式会社于2010年8月30日提交的修改文本不予接受并无不当。涉案专利权利要求1相对于证据1是非显而易见的，具备创造性。遂判决维持第16266号决定。万生公司不服，提起上诉。二审法院认为，马库什权利要求属于并列技术方案的特殊类型，第一三共株式会社于2010年8月30日提交的修改文本缩小了涉案专利权的保护范围，符合专利法实施细则第六十八条第一款规定；涉案专利权利要求所涵盖的一个具体实施例的效果与现有技术的证据1中实施例329的技术效果相当，因此，涉案专利权利要求1未取得预料不到的技术效果，不具备创造性，遂判决撤销一审判决和第16266号决定，责令专利复审委员会重新作出决定。专利复审委员会不服，向最高人民法院申请再审。最高人民法院裁定提审本案后判决撤销二审判决，维持一审判决。最高人民法院认为，以马库什方式撰写的化合物权利要求应当被理解为一种概括性的技术方案，而不是众多化合物的集合；允许对马库什权利要求进行修改的原则应当是不能因为修改而产生具有新性能和作用的一类或单个化合物，但是同时也要充分考量个案因素；以马库什方式撰写的化合物权利要求的创造性判断应当遵循创造性判断的基本方法，即专利审查指南所规定的“三步法”；意料不到的技术效果是创造性判断的辅助因素，通常不宜跨过“三步法”而直接适用具有意料不到的技术效果来判断专利申请是否具有创造性。

【典型意义】本案涉及马库什权利要求的性质、无效程序中的修改原则及创造性的判断方法等问题。马库什权利要求是化学医药发明专利领域相对特殊的权利要求撰写方式，基于其特有的概括功能，其在该领域中的运用日益广泛。马库什权利要求的性质、修改原则及创造性判断标准等问题，将直接影响到数量众多的化学医药类专利技术方案的申请与授权，一直都受到业界与学术界的高度关注。最高人民法院在本案中明确，马库什权利要求的性质为概括性而非化合物集合性质的技术方案，马库什权利要求的修改应当以不产生具有新性能和作用的一类或单个化合物为基本条件，马库什方式撰写的化合物权利要求的创造性判断仍应遵循“三步法”。本案对上述重要法律规则的明确和厘清，对化学医药领域专利申请的撰写与审查具有指导意义。

5. “新华字典”商标侵权及不正当竞争纠纷案

商务印书馆有限公司与华语教学出版社有限责任公司侵害商标权及不正当竞争纠纷案〔北京知识产权法院（2016）京73民初277号民事判决书〕

【案情摘要】自1957年至今，商务印书馆有限公司（以下简称商务印书馆）连续出版《新华字典》通行版本至第11版。2010－2015年，商务印书馆出版的《新华字典》在字典类图书市场的平均占有率超过50%。截至2016年，商务印书馆出版的《新华字典》全球发行量超过5.67亿册，获得“最受欢迎的字典”吉尼斯世界纪录及“最畅销的书（定期修订）”吉尼斯世界纪录等多项荣誉。商务印书馆诉称华语教学出版社有限责任公司（以下简称华语出版社）生产、销售“新华字典”辞书的行为侵害了商务印书馆“新华字典”未注册驰名商标，且华语出版社使用商务印书馆《新华字典》（第11版）知名商品特有包装装潢的行为已构成不正当竞争，请求法院判令其立即停止侵害商标权及不正当竞争行为、消除影响并赔偿经济损失。一审法院认为，“新华字典”具有特定的历史起源、发展过程和长期唯一的提供主体以及客观的市场格局，保持着产品和品牌混合属性的商品名称，已经在相关消费者中形成了稳定的认知联系，具有指示商品来源的意义和作用，具备商标的显著特征。“新华字典”已经在全国范围内被相关公众广为知晓，已经获得较大的影响力和较高的知名度，可以认定“新华字典”为未注册驰名商标。华语出版社在字典上使用“新华字典”构成复制他人未注册驰名商标的侵权行为。《新华字典》（第11版）使用的装潢所体现的文字、图案、色彩及其排列组合具有识别和区分商品来源的作用，具备特有性。华语出版社在辞典商品上使用相近似的装潢设计，足以使相关公众对商品来源产生混淆、误认，构成反不正当竞争法第五条第（二）项规定的不正当竞争行为。一审法院遂判决华语出版社立即停止侵权行为、消除影响并赔偿商务印书馆经济损失300万元及合理支出27万余元。

【典型意义】本案是涉及未注册驰名商标保护的典型案例，涉及事实认定、法律适用及利益平衡等复杂问题。本案确立了对“新华字典”这类兼具产品和品牌混合属性的商品名称是否具备商标显著特征的裁判标准。考虑相关公众对“新华字典”的知晓程度、“新华字典”的使用持续时间、销售数量、宣传范围及受保护记录等多方面因素，认定原告商务印书馆的“新华字典”构成未注册驰名商标。在给予“新华字典”未注册驰名商标保护的同时，注重平衡其与出版行业正常的经营管理秩序、促进知识文化传播之间的关系。判决明确指出，商标法对商标独占使用权利的保护的是商标本身而非商标附着的商品，给予商务印书馆独占使用“新华字典”商标的权利并不是给予其出版字典类辞书的专有权，不会造成辞书行业的垄断。通过给予商标保护的方式，促使商标权利人更好地承担商品质量保障的法定义务和传播知识的社会责任，有利于促进出版行业规范有序发展。

6. “茅盾手稿”著作权纠纷案

沈韦宁、沈丹燕、沈迈衡与南京经典拍卖有限公司、张晖著作权权属、侵害著作权纠纷案〔江苏省南京市中级人民法院（2017）苏01民终8048号民事判决书〕

【案情摘要】茅盾先生于1958年将其用毛笔书写创作的一篇评论文章《谈最近的短篇小说》向杂志社投稿，该篇文章的文字内容发表于《人民文学》1958年第6期。后手稿原件被张晖持有。2013年11月13日，张晖委托南京经典拍卖有限公司（以下简称经典拍卖公司）拍卖多件物品，其中包括涉案手稿。2013年12月30日，经典拍卖公司通过数码相机拍照上传了涉案手稿的高清数码照片，在其公司网站和微博上对手稿以图文结合的方式进行了宣传介绍。公众在浏览经典拍卖公司网站时，可以看到涉案手稿的全貌，也可以通过网页的放大镜功能观察到每页手稿的局部细节。预展过程中，经典拍卖公司展示了涉案作品原件，也向观展者提供了印有涉案拍品的宣传册。2014年1月5日，涉案手稿在经典拍卖公司2013季秋拍中国书画专场进行拍卖，案外人以1050万元的价格竞得涉案手稿。但因此后竞买人未付款导致拍卖未成交，涉案手稿原件仍由张晖持有。拍卖结束后，经典拍卖公司仍在互联网上持续展示涉案手稿，直至2017年6月才将其删除。沈韦宁、沈丹燕、沈迈衡系茅盾先生的合法继承人，其认为张晖和经典拍卖公司的上述行为侵害了涉案手稿的著作权，故诉至法院。一审法院判决经典拍卖公司停止侵害涉案手稿信息网络传播权的行为并赔偿沈韦宁、沈丹燕、沈迈衡经济损失10万元。沈韦宁、沈丹燕、沈迈衡不服一审判决，提起上诉。二审法院认为，涉案手稿既是文字作品也是美术作品，张晖系涉案手稿的合法所有权人，有权选择以拍卖的方式处分自己的合法财产，张晖的行为没有侵害涉案手稿的著作权。经典拍卖公司侵害了涉案手稿的美术作品发表权、复制权和信息网络传播权，应当承担停止侵害、赔礼道歉和赔偿损失的侵权责任。二审法院遂判决经典拍卖公司向沈韦宁、沈丹燕、沈迈衡公开赔礼道歉并赔偿经济损失10万元。

【典型意义】本案涉及美术作品拍卖活动中著作权法、物权法、拍卖法三部法律交叉调整地带的相关主体权利义务关系问题。判决平衡了物权人和著作权人的合法权益，明确了拍卖人的知识产权保护注意义务。判决指出，在美术作品著作权与物权分离的情况下，原件所有人依法行使处分权、收益权、展览权的行为，均受到法律保护，著作权人无权干涉。但美术作品原件所有人行使物权应以不损害该作品著作权人的合法权利为前提。拍卖公司作为接受物权人委托的拍卖方，除负有物权保护注意义务外，还应负有合理的著作权保护注意义务，规范尽职地进行拍卖活动，审慎避让著作权人的权益。判决明确了不同主体权利的边界，体现了对物权人和著作权人合法权益平衡保护的司法精神，并按照尽职拍卖人的合理标准确定拍卖公司的注意义务，充分体现了严格保护的司法导向。

7. “路虎”商标侵权纠纷案

捷豹路虎有限公司与广州市奋力食品有限公司、万明政侵害商标权纠纷案〔广东省高级人民法院（2017）粤民终633号民事判决书〕

【案情摘要】路虎公司的关联公司先后于1996年、2004年和2005年在中国境内申请注册了第808460号“LAND ROVER”商标、第3514202号“路虎”商标、第4309460号“LANDROVER”商标，以上商标均核定使用在第12类“陆地机动车辆”等商品上，具有较高知名度，后转让到路虎公司名下。广州市奋力食品有限公司（以下简称奋力公司）在网站、实体店中宣传销售其“路虎维生素饮料”，相关产品、包装盒及网页宣传上使用的被诉标识包括“路虎”“LANDROVER”“LANDROVER路虎”及上下排列的“路虎LANDROVER”等。奋力公司曾于2010年在第30类“非医用营养液”和第32类“不含酒精的饮料”等商品上申请注册“路虎LANDROVER”商标，但均未被核准注册。路虎公司以奋力公司的行为构成侵权为由，提起诉讼。一审法院判令奋力公司停止侵权并向路虎公司赔偿经济损失与合理维权开支人民币120万元。二审法院认为，路虎公司提交的证据已经足以证明，涉案商标已为中国境内社会公众广为知晓，达到驰名程度。被诉侵权行为削弱了路虎公司涉案驰名商标所具有的显著性和良好商誉，损害路虎公司的利益，应予制止。遂判决驳回上诉、维持原判。

【典型意义】本案是驰名商标跨类保护、加大知识产权保护力度的典型案例。本案裁判除体现了在驰名商标保护案件中应秉持的“按需认定”“个案认定”等基本原则外，其特殊之处在于，除本案被诉侵权标识外，奋力公司还实施了大量涉知名企业与知名人物的商标抢注行为，侵权行为的主观恶意明显。本案裁判在关于赔偿数额确定一节中，全面、详尽论述了确定120万元赔偿数额的事实与法律依据，彰显了制止恶意囤积商标行为的司法态度。本案在加大驰名商标保护力度、规制商标恶意抢注行为、引导社会公众尊重知识产权等方面，具有良好的裁判导向与示范效果。

8.“博Ⅲ优”植物新品种侵权纠纷案

四川中正科技有限公司与广西壮族自治区博白县农业科学研究所、王腾金、刘振卓、四川中升科技种业有限公司侵害植物新品种权纠纷案〔广西壮族自治区高级人民法院（2017）桂民终95号民事判决书〕

【案情摘要】博Ⅲ优273获植物新品种权，品种权共有人为广西壮族自治区博白县农业科学研究所（简称博白农科所）、王腾金、刘振卓。博ⅢA亦获植物新品种权，系博Ⅲ优9678、博Ⅲ优273的亲本，博ⅢA植物新品种的品种权人为博白农科所。2003年11月2日，博白农科所与四川中升科技种业有限公司（以下简称中升公司）签订《品种使用权转让协议书》（即2003年协议），博白农科所将“博Ⅱ优815”“博Ⅲ优273”的使用权转让给中升公司独家使用开发。2007年11月16日，中升公司与博白农科所签订《协议》（即2007年协议）约定，博白农科所将博Ⅲ优9678、博Ⅱ优815的品种使用权转让给中升公司独占使用开发（博Ⅱ优815仅限于广东区域），中升公司继续享有博Ⅲ优273的使用开发权，博白农科所不得将博Ⅲ优9678、博Ⅱ优815（只限广东区域）的品种权转让或授权给第三方，否则应赔偿中升公司相关损失。本协议签订生效后，2003年协议终止执行。2008年1月7日，博白农科所授权中升公司生产经营博Ⅲ优9678、博Ⅲ优273。博ⅢA仅用于配组博Ⅲ优9678、博Ⅲ优273，不得作其他商业用途使用。授权起止时间从2008年1月7日至2012年12月31日止。四川中正科技有限公司（以下简称中正公司）根据中升公司的授权和“2007年协议”的约定，经营博Ⅲ优9678、博Ⅱ优815及博Ⅲ优273等品种。2011年11月2日，中升公司分别致函中正公司、博白农科所，决定从2011年11月2日起终止对中正公司生产、经营博Ⅲ优9678、博Ⅲ优273及博Ⅱ优815（已退出市场）的授权，有关品种的生产、经营权为中升公司独占所有。中升公司享有博Ⅲ优273的开发权，博白农科所不得再向中正公司提供博Ⅲ优9678、博Ⅲ优273及博Ⅱ优815的不育系、恢复系。博白农科所、王腾金、刘振卓、中升公司主张中正公司在2011年11月2日之后仍委托他人生产博Ⅲ优9678、博Ⅲ优273种子的行为构成侵权，遂向法院提起诉讼。一审法院认为，中正公司的行为侵害了涉案植物新品种权，故判决中正公司停止侵权行为、消除影响并赔偿经济损失180万元。二审法院认为，博ⅢA、博Ⅲ优273两个植物新品种因未按规定交纳年费于2013年11月1日公告终止，于2014年12月4日恢复权利；于2015年11月1日因未按规定交纳年费又公告终止。一审判决认定博ⅢA、博Ⅲ优273这两个植物新品种权仍然有效与本案事实不符，中正公司的相关上诉理由成立。对赔偿数额的确定，应综合考虑如下因素：当事人均认可的亩产量、销售价格以及中正公司认可的生产面积；因中升公司突然中止授权而使中正公司不可避免遭受的损失；侵权持续期间；涉案植物新品种实施许可费的数额以及实施许可的种类、时间、范围等具体情节。据此，二审法院酌定中正公司赔偿博白农科所、王腾金、刘振卓、中升公司经济损失人民币40万元。

【典型意义】本案是涉及植物新品种权保护的典型案例。侵害植物新品种权的行为司法实践中可分为两种类型，一是未经品种权人许可，为商业目的生产或销售授权品种的繁殖材料；二是未经品种权人许可，为商业目的将授权品种的繁殖材料重复使用于生产另一品种的繁殖材料。本案同时涉及以上两种侵权行为的判定，在法律适用方面具有典型性。此外，植物新品种权在保护期限内有可能间歇性地处于终止状态，这是其他类型的知识产权侵权诉讼所不具备的特殊性。本案裁判充分考虑植物新品种保护中的特殊因素，对侵权行为及赔偿数额作出了正确认定，对类似案件的裁判具有规则指引意义。

9. “反光材料”商业秘密纠纷案

鹤壁市反光材料有限公司与宋俊超、鹤壁睿明特科技有限公司、李建发侵害商业秘密纠纷案〔河南省高级人民法院（2016）豫民终347号民事判决书〕

【案情摘要】宋俊超自2006年起在鹤壁市反光材料有限公司（以下简称反光材料公司）任业务员，主要负责部分省份的销售及客户拓展工作。反光材料公司与宋俊超先后签订两份劳动合同，并约定有保密条款和竞业限制条款。反光材料公司对其经营信息制定有保密制度，对客户及潜在客户信息采取了必要的保密措施，同时向宋俊超及其他业务员支付了保密费用。鹤壁市睿欣商贸有限公司（以下简称睿欣公司，即鹤壁睿明特科技有限公司前身）成立于2011年6月22日，经营范围为钢材、建材、五金交电、涂板、反光护栏。在睿欣公司经营期间，宋俊超以宋翔名义参与办理睿欣公司工商登记手续的相关工作。睿欣公司银行往来账目显示，自2011年8月1日至2015年7月31日期间，睿欣公司与反光材料公司的多笔交易客户重合，宋俊超以个人名义从睿欣公司账户取款多次。反光材料公司遂以侵害商业秘密为由，将宋俊超等诉至法院。一审法院认为，宋俊超、睿欣公司对反光材料公司的商业秘密构成共同侵权。二审法院认为，根据反光材料公司所提供的交易记录及客户来往票据，其中“品种”“规格”“数量”能够说明客户的独特需求，“成交日期”能够反映客户要货的规律，“单价”能够说明客户对价格的承受能力和价格成交底线，“备注”反映了客户的特殊信息。这些内容构成了反光材料公司经营信息的秘密点。上述经营信息涉及的客户已与反光材料公司形成了稳定的供货渠道，保持着良好的交易关系，在生产经营中具有实用性，能够为反光材料公司带来经济利益、竞争优势。反光材料公司为上述经营信息制定了具体的保密制度，对客户及潜在客户信息采取了必要的保密措施，并与宋俊超明确约定了保密条款、竞业限制条款，向宋俊超及其他业务员支付了相应的保密费用，可以证明反光材料公司为上述经营信息采取了合理保密措施。综上，可以认定反光材料公司制作的客户名单构成商业秘密。宋俊超负有对反光材料公司的忠实义务，其中包括对工作中接触到的经营信息进行保密的义务，其明知公司的相关管理规定及客户名单的非公开性和商业价值，但仍私自与反光材料公司的客户进行交易，且与睿欣公司来往频繁，构成披露、使用、允许他人使用反光材料公司经营信息的行为，侵害了反光材料公司的商业秘密。睿欣公司不正当地获取、使用了宋俊超所掌握的反光材料公司拥有的商业秘密。宋俊超、睿欣公司对反光材料公司的商业秘密构成共同侵权。因睿欣公司已变更为睿明特公司，故侵权责任应由睿明特公司承担。

【典型意义】本案是涉及商业秘密保护的典型案例。商业秘密案件因证据复杂、隐蔽，通常审理难度较大。特别是，因员工离职等带来的商业秘密保护问题一直是司法实践中的难点。本案判决对商业秘密案件中“不为公众所知悉”“保密措施”“商业价值”以及赔偿责任的确定等重要法律问题，结合案情进行了细致和全面的阐释，对类似案件的审理具有较强的规则指引意义。此外，本案还着重强调了员工离职后的保密义务，倡导了诚实信用的价值取向。

10.“易查网”侵犯著作权罪案

北京易查无限信息技术有限公司、于东侵犯著作权罪案〔上海浦东新区人民法院（2015）浦刑（知）初字第12号刑事判决书〕

【案情摘要】被告单位北京易查无限信息技术有限公司（以下简称易查公司）系“易查网”的经营者。该公司的法定代表人及技术负责人于东提出开发触屏版小说产品的方案，易查网将WEB小说网页转码成WAP网页供移动用户阅读。公安机关扣押了易查公司的服务器硬盘，鉴定人员以此搭建出局域网环境下的“易查网”，发现可以搜索、阅读并下载小说。鉴定人员对从硬盘中下载的798本小说与玄霆公司享有著作权的同名小说进行了比对，确定相同字节数占总字节数70%以上的有588本。被告人及其辩护人提出，“易查网”的开发设想系提供搜索及转码服务，而非内容服务，即在用户搜索并点击阅读时，对来源网页进行转码后临时复制到硬盘上形成缓存并提供给用户阅读，当用户离开阅读页面时自动删除该缓存。但根据鉴定确认的事实可知，“易查网”在将其所谓“临时复制”的内容传输给触发“转码”的用户后，并未随即将相应内容从服务器硬盘中自动删除，被“复制”的小说内容仍可被其他用户再次利用，上述行为已明显超出转码技术的必要过程。据此可以认定，“易查网”直接向网络用户提供了涉案文字作品。易查公司未经著作权人许可，通过“易查网”传播他人享有著作权的文字作品500余部，情节严重，已构成侵犯著作权罪。于东作为易查公司直接负责的主管人员，亦应承担侵犯著作权罪的刑事责任。本案中，易查公司及于东具有自首和通过赔偿获得被害单位谅解的等酌情从轻处罚情节，法院综合考虑本案的犯罪情节、后果，依法判处单位罚金，判处于东缓刑及罚金。宣判后，易查公司、于东均未提出上诉。

【典型意义】转码技术是随着移动阅读逐渐普及产生的一项技术，本案是移动阅读网站不当使用转码技术构成侵犯著作权罪的案件。判决对“转码”技术实施的特点以及必要限度进行了详细阐释，从信息网络传播行为的本质出发，厘清了“转码”行为罪与非罪的界限。本案较好地展现了在技术飞速发展的时代背景下，知识产权司法保护在坚持技术中立的同时，如何结合技术事实认真厘清有关技术是否超越法律范围、侵犯他人合法权利的标准。对于以技术为挡箭牌，侵权情节严重，符合知识产权犯罪构成要件的行为，应依法给予刑事处罚。本案的裁判结果充分体现了人民法院处理科技进步带来的新型犯罪行为的司法智慧和司法能力，彰显了依法打击侵犯知识产权犯罪行为的力度和决心。

[部门规章、规章性文件与解读]

中国银行保险监督管理委员会　公安部

国家市场监督管理总局　中国人民银行

关于规范民间借贷行为　维护经济金融秩序有关事项的通知

2018 年 4 月 16 日　　　　银保监发〔2018〕10 号

各银监局；各省、自治区、直辖市公安厅（局）、工商局（市场监管部门）、新疆生产建设兵团公安局；中国人民银行上海总部，各分行、营业管理部，各省会（省府）城市中心支行，各副省级城市中心支行；各政策性银行、大型银行、股份制银行，邮储银行，外资银行，金融资产管理公司：

为规范民间借贷行为，维护经济金融秩序，防范金融风险，切实保障人民群众合法权益，打击金融违法犯罪活动，根据《中华人民共和国银行业监督管理法》《中华人民共和国商业银行法》《中华人民共和国刑法》及《非法金融机构和非法金融业务活动取缔办法》等法律法规，现就有关事项通知如下：

一、切实提高认识

近年来，民间借贷发展迅速，以暴力催收为主要表现特征的非法活动愈演愈烈，严重扰乱了经济金融秩序和社会秩序。各有关方面要充分认识规范民间借贷行为的必要性和暴力催收的社会危害性，从贯彻落实全面依法治国基本方略、维护经济金融秩序、保持经济和社会稳定的高度出发，认真抓好相关工作。

二、把握工作原则

坚持依法治理、标本兼治、多方施策、疏堵结合的原则，进一步规范民间借贷行为，引导民间资金健康有序流动，对相关非法行为进行严厉打击，净化社会环境，维护经济金融秩序和社会稳定。

三、明确信贷规则

严格执行《中华人民共和国银行业监督管理法》《中华人民共和国商业银行法》及《非法金融机构和非法金融业务活动取缔办法》等法律规范，未经有权机关依法批准，任何单位和个人不得设立从事或者主要从事发放贷款业务的机构或以发放贷款为日常业务活动。

四、规范民间借贷

民间借贷活动必须严格遵守国家法律法规的有关规定，遵循自愿互助、诚实信用的原则。民间借贷中，出借人的资金必须是其合法收入的自有资金，禁止吸收或变相吸收他人资金用于借贷。民间借贷发生纠纷，应当按照《最高人民法院关于审理民间借贷案件适用法律若干问题的规定》（法释〔2015〕18号）处理。

五、严禁非法活动

严厉打击利用非法吸收公众存款、变相吸收公众存款等非法集资资金发放民间贷款。严厉打击以故意伤害、非法拘禁、侮辱、恐吓、威胁、骚扰等非法手段催收贷款。严厉打击套取金融机构信贷资金，再高利转贷。严厉打击面向在校学生非法发放贷款，发放无指定用途贷款，或以提供服务、销售商品为名，实际收取高额利息（费用）变相发放贷款行为。严禁银行业金融机构从业人员作为主要成员或实际控制人，开展有组织的民间借贷。

六、改进金融服务

各银行业金融机构以及经有权部门批设的小额贷款公司等发放贷款或融资性质机构应依法合规经营，强化服务意识，采取切实措施，开发面向不同群体的信贷产品。改进金融服务，加大对实体经济的资金支持力度，为实体经济发展创造良好的金融环境，有效疏通金融服务实体经济渠道，服务供给侧结构性改革。

七、加强协调配合

民间借贷活动情况复杂、涉及方面多，按照《中华人民共和国银行业监督管理法》《中华人民共和国商业银行法》《非法金融机构和非法金融业务活动取缔办法》的规定，地方人民政府以及有关部门要加强协调配合，依法履行职责。

八、依法调查处理

（一）对利用非法吸收公众存款、变相吸收公众存款等非法集资资金发放民间贷款，以故意伤害、非法拘禁、侮辱、恐吓、威胁、骚扰等非法手段催收民间贷款，以及套取银行业金融机构信贷资金，再高利转贷等违反治安管理规定的行为或涉嫌犯罪的行为，公安机关应依法进行调查处理，并将非法发放民间贷款活动的相关材料移送银行业监督管理机构。

（二）对银行业金融机构从业人员参与非法金融活动的，银行业金融机构应当予以纪律处分，构成犯罪的，依法严厉追究刑事责任。

（三）对从事民间借贷咨询等业务的中介机构，工商和市场监管部门应依法加强监管。

九、加强宣传引导

银行业监督管理机构、公安机关、工商和市场监管部门、人民银行等有关单位采取各种有效方式向广大人民群众宣传国家金融法律法规和信贷规则。及时向社会公布典型案例，加大宣传教育力度，强化风险警示，增强广大人民群众的风险防范意识，引导自觉抵制非法民间借贷活动。

中国银行保险监督管理委员会有关部门负责人就《关于规范民间借贷行为　维护经济金融秩序有关事项的通知》答记者问

为进一步规范民间借贷行为，维护经济金融秩序，防范金融风险，切实保障人民群众合法权益，打击金融违法犯罪活动，中国银行保险监督管理委员会会同公安部、国家市场监督管理总局、中国人民银行联合印发了《关于规范民间借贷行为　维护经济金融秩序有关事项的通知》（以下简称《通知》）。

问：发布《通知》的背景是什么？

答：近年来，民间借贷发展迅速，但以暴力催收为主要表现特征的非法活动愈演愈烈，严重扰乱了经济金融秩序和社会秩序，妨碍了正常金融活动的健康发展。为进一步规范民间借贷行为，引导民间资金健康有序流动，防范金融风险，打击金融违法犯罪活动，净化社会环境，维护经济金融秩序和社会稳定，中国银行保险监督管理委员会等部门联合印发了《通知》。

问：出台《通知》的法律依据是什么？

答：根据《中华人民共和国银行业监督管理法》《中华人民共和国商业银行法》《中华人民共和国刑法》《非法金融机构和非法金融业务活动取缔办法》等法律规范，中国银行保险监督管理委员会等部门联合印发了《通知》，进一步明确相关要求。

问：《通知》明确的信贷规则是什么？

答：《通知》明确，未经有权机关依法批准，任何单位和个人不得设立从事或者主要从事发放贷款业务的机构或以发放贷款为日常业务活动。

问：《通知》严禁了哪些非法活动？

答：《通知》指出，严厉打击以下非法金融活动：利用非法吸收公众存款、变相吸收公众存款等非法集资资金发放民间贷款；以故意伤害、非法拘禁、侮辱、恐吓、威胁、骚扰等非法手段催收贷款；套取金融机构信贷资金，再高利转贷；面向在校学生非法发放贷款，发放无指定用途贷款，或以提供服务、销售商品为名，实际收取高额利息（费用）变相发放贷款行为。同时，《通知》要求，严禁银行业金融机构从业人员作为主要成员或实际控制人，开展有组织的民间借贷。

问：《通知》要求如何开展规范民间借贷工作？

答：一是各银行业金融机构以及经有权部门批设的小额贷款公司等发放贷款或融资性质机构应依法合规经营，强化服务意识，开发面向不同群体的信贷产品，加大对实体经济的支持力度。二是地方人民政府以及有关部门要加强协调配合，依法履行职责。三是银行业监督管理机构、公安机关、工商和市场监管部门、人民银行等有关单位将及时向社会公布典型案例，加大宣传教育力度，强化风险警示，增强广大人民群众的风险防范意识。

[司法实务问题研究]

关于民法总则中诉讼时效的理解与适用问题

邹挺谦*

民法总则关于诉讼时效的规定，吸收了我国民法理论的研究成果，整合了有关司法解释的规定，对权利人的保护更加有力，体现了私法自治的原则和精神。

一、体现了国家干预的谦抑原则

首先，私法自治是市场经济的客观要求，对诉讼时效的态度，反映了国家对市场主体的尊重程度。民法总则第一百九十三条规定，人民法院不得主动适用诉讼时效的规定。这表明，规定时效制度不是导致权利消灭，而是防止“权利人躺在权利上睡觉”；时效不消灭权利人的实体请求权，只是使义务人获得抗辩权。因此，在当事人没有抗辩的情况下，法院不应对诉讼时效问题进行释明及主动适用诉讼时效的规定进行裁判。其次，民法总则第一百八十八条规定，在二十年最长诉讼时效届满后仍然需要延长的，法院只能根据权利人的申请延长，充分体现了司法公权力对私权的有限介入原则。这就修正了在实践中可以依照民法通则规定精神依职权延长的做法。再次，民法总则第一百九十二条规定，诉讼时效期间届满后，义务人同意履行的，不得以诉讼时效期间届满为由抗辩；义务人已自愿履行的，不得请求返还。这一规定体现了对私权处

* 作者单位：浙江省泰顺县人民法院。

分的尊重，比民法通则的规定更加详细、明确，具有较强的可操作性。

二、增加了“权利人知道义务人”作为时效期间起算的要件之一

民法总则第一百八十八条第二款规定：“诉讼时效期间自权利人知道或者应当知道权利受到损害以及义务人之日起计算。法律另有规定的，依照其规定。”这一规定，和民法通则相比，增加了“知道或者应当知道义务人”这一新要件。这表明，时效期间的起算要同时具备两个要件，一是知道或者应当知道权利受到损害，二是知道或者应当知道义务人。这个义务人可以是合同上的违约人，可以是侵权行为上的加害人等等。关于“权利人知道义务人”的标准，有学者认为应该包括“谁是义务人及义务人的住所和联系方式”①，另有学者认为，“权利人应当知道义务人的姓名和住址”②。笔者感到，对于这个标准，按照权利人是否可以凭借所知悉的义务人信息来提起诉讼来认定，即《最高人民法院关于适用〈中华人民共和国民事诉讼法〉的解释》第二百零九条的规定，“原告提供被告的姓名或者名称、住所等信息具体明确，足以使被告与他人相区别的，可以认定为有明确的被告。”这个标准，也称作诉讼可识别性标准，不仅可以在民事诉讼法中适用，也可以在民法总则的上述条文中应用。当然，在实践中，个别案件的原告（权利人）不知道被告的住址和联系方式，人民法院或者公安机关可以依法为其提供一定的查询便利。

三、限定了诉讼时效的适用范围

民法总则第一百九十六条对于不适用诉讼时效的情形作了规定，分别是：“（一）请求停止侵害、排除妨碍、消除危险；（二）不动产物权和登记的动产物权的权利人请求返还财产；（三）请求支付抚养费、赡养费或者扶养费；（四）依法不适用诉讼时效的其他请求权。”在实践中，上述第一至三项是明确无误的，关键是第四项这一兜底条款怎样理解的问题。一般而言，基于身份关系的请求权，比如确认亲子关系、请求离婚、请求解除收养关系、父母请求第三人交还未成年子女等都不应该适用诉讼时效；另外，《最高人民法院关于审理民事案件适用诉讼时效制度若干问题的规定》第一条中关于支付存款本金及利息请求权；兑付国债、金融债券以及向不特定对象发行的企业债券本息

① 梁慧星：《民法总论》，法律出版社2017年版，第261页。

② 王利明主编：《〈中华人民共和国民法总则〉条文释义》，人民法院出版社2017年版，第476页。

请求权；基于投资关系产生的缴付出资请求权等，均因为符合消灭时效的法理，应纳入这个兜底条款，也不应适用诉讼时效的规定。

四、将普通诉讼时效期间由二年改为三年

诉讼时效制度是一项较为严厉的权利限制制度，民法总则规定普通诉讼时效期间比民法通则增加了一年，不难看出立法者缓和该制度严重后果的努力，有利于保护债权人的合法权益，体现了立法的进步。关于民法通则第一百三十六条规定的一年短期诉讼时效是否继续有效的问题，查全国人大及其法律委员会关于民法总则的草案修改意见和立法说明等六份法律文件，均没有涉及这个问题，故有待立法机关作出权威的立法解释。从立法的原意看，一年的短期时效应该被三年的普通时效所取代。这是因为，第一，从其他国家、地区的规定看，部分国家的普通诉讼时效期间为三十年，如马耳他国等，短一些的也有十五年，如我国台湾地区。民法总则新规定的三年时效期间仍然为全球最短之一。如果再沿用一年的短期时效，可能使我国在该方面的立法与世界潮流相悖。第二，按照全国人大的立法计划，民法典预计在2020年出台，此后，民法通则即告废止。民法总则已经制定，不宜在民法分则中再规定诉讼时效制度。可见，一年的短期诉讼时效制度没有写入民法总则，说明立法机关已经将该项规定予以废弃。第三，民法通则第一百三十六条关于短期诉讼时效的规定大多数已经不再执行。该条所规定的四种情形，其中以第一项、第二项情形适用最为普遍。比如第一项关于身体受到伤害要求赔偿的，出于对受害人人权保护的需要，法院一般都能在起算点的计算上作出对受害人最有利的解释，使其不至于因时效届满而失去法律保护；第二项关于“出售不合格商品未声明”的一年时效规定，在实践中执行了不到七年，即被1993年的产品质量法所取代。该法规定：“因产品存在缺陷造成损害要求赔偿的诉讼时效期间为二年，自当事人知道或者应当知道其权益受到损害时起计算。因产品存在缺陷造成损害要求赔偿的请求权，在造成损害的缺陷产品交付最初用户、消费者满十年丧失；但是，尚未超过明示的安全使用期的除外。”依据特别法优于普通法的原则，产品质量法关于二年时效规定的施行，实际上替代了民法通则的关于产品责任适用一年时效期间的规定。

五、维护诉讼时效制度的法定性

近年来，一些国家和国际组织在立法中规定当事人可以约定缩短或延长时

效，并对相关的期限作出规定，体现了对当事人意思自治原则的尊重。在民法总则的立法过程中，也有学者建议对此作出规定，但没有被立法机关采纳。民法总则第一百九十七条规定："诉讼时效的期间、计算方法以及中止、中断的事由由法律规定，当事人约定无效。当事人对诉讼时效利益的预先放弃无效。"这一规定，体现了诉讼时效制度的严肃性，即该制度必须由法律规定，当事人不能也不可以自行修改或创制法律规定。但从立法技术的角度考察，该条文规定具有漏洞。这一漏洞不予填补，会造成实践中的混乱。这是因为，当事人约定无非是两种情形，一是合法，二是违法。如果约定的内容和法律规定一致，则当然有效；只有在当事人约定违反法律规定的前提下，才可能导致无效。因此，民法总则第一百九十七条的适用前提是当事人违反法律规定，这句话必须写入条文。而该限定语没有落实到纸面上，成为该条的漏洞，需要将来以修改立法或者立法解释的方法进行弥补。具体地，《最高人民法院关于审理民事案件适用诉讼时效制度若干问题的规定》第二条规定可资借鉴。该条规定比较严密："当事人违反法律规定，约定延长或者缩短诉讼时效期间、预先放弃诉讼时效利益的，人民法院不予认可。"

六、民法通则向民法总则过渡期间的时效安排

由于我国立法机关没有制定法律施行法，法律施行问题一般依靠最高人民法院的司法解释或司法文件来解决。由于民法通则没有被废止，根据新法优于旧法的规定，在两法规定不一致处，应当适用民法总则的规定。民法通则规定的普通诉讼时效为二年，民法总则规定为三年，在 2017 年 10 月 1 日民法总则施行后，应当如何适用呢？根据诉讼时效的法理和法的溯及力的原理，应分别情况予以处理：一是民事事实和行为发生在 2017 年 10 月 1 日后，适用民法总则的规定；二是在 2017 年 10 月 1 日之前，权利人的权利受到侵害已经超过二年，诉讼时效期间完成，应当适用民法通则的规定；三是在 2017 年 10 月 1 日之前，权利人的权利受到侵害尚未超过两年的，由于时效期间跨越新旧法律的施行期，应当自动适用新法规定，其诉讼时效期间为三年；四是关于中断和有关程序终结后时效的重新计算问题。如果诉讼时效中断的时点在民法总则施行之前，重新计算的时效应为两年；如果诉讼时效中断的时点在民法总则施行之后，重新计算的时效应为三年。另外，民法总则和民法通则关于二十年的最长诉讼时效期间，时效中止的六个月期间的规定基本相同，可以予以继续适用。

［新类型疑难案例选评］

江某与秦某医疗损害责任纠纷案

余孝安*

【基本案情】

2017 年 1 月 25 日，江某随母亲何某到 A 县名山街道两汇村一组扫墓祭祖时，不慎摔倒受伤。后，江某之母何某听他人说，秦某可以治疗此种病症，于当日将江某送往秦某保健店治疗，秦某在无相关检查设备及资料的情况下，臆断江某系脱臼，并错误治疗，收取江某治疗费 50 元。江某回家后，病痛仍未减轻好转，次日入住重庆市红楼医院检查治疗，诊断为左肱骨远端骨折，住院 13 天出院。住院及门诊共花去治疗费 16373.82 元。2017 年 5 月 3 日，经江某委托重庆市石柱司法鉴定所鉴定为 10 级伤残，鉴定费为 800 元。2017 年 5 月 8 日，A 县卫生局调查查明，秦某系未取得医疗机构执业许可证擅自开展诊疗活动，擅自执业为非卫生技术专业人员，擅自执业时间为三个月以上。A 县卫生局作出 A 卫医罚（2017）13 号行政处罚决定书，处秦某罚款 9000 元。江某向一审法院起诉请求：判令秦某赔偿医疗费、住院护理费、住院伙食补助费、残疾赔偿金等费用共计 83182.72 元。

江某在重庆红楼医院治疗九天后，该院于 2017 年 2 月 4 日出具的出院记录中记载："入院情况：患者因'摔伤致左肘部疼痛，肿胀伴活动受限 13 + 小时'，专科情况：左上臂远端及左肘肿胀明显，无明显皮肤破损，皮肤可见部分青紫，触痛明显，肘关节屈伸、旋转活动功能受限。入院诊断：左肱骨远端

* 作者单位：重庆市丰都县人民法院。

骨折。”

【审理结果】

一审法院认为，本案争议的焦点是：江某遭受的损害与秦某的诊疗行为之间是否存在因果关系，责任如何划分与赔偿金额的计算。

江某遭受的损害与秦某的诊疗行为之间是否存在因果关系。江某摔倒受伤到秦某的诊疗店诊疗，秦某在没取得医疗机构执业许可证情况下擅自非法行医、错误诊疗，其行为属于违法及过错行为。从江某转入重庆市红楼医院检查治疗的情况看，江某损害的部位为左肱骨远端骨折，对于造成骨折的原因，从本案考量，存在两种可能，第一是江某本人摔倒时已经造成了骨折；第二是摔倒时尚未造成骨折，而是秦某臆断为脱臼并错误使用外力复位，使江某受伤部位再次受不当挤压，负荷超过该部位的承受限度，导致了骨折。对该因果关系事实，江某所举证据已证明了秦某违法及错误治疗行为，并且这种行为有造成江某损害的较大可能性，为此江某完成了举证责任。秦某对以上因果关系事实的成立虽然予以否认，并辩称自己治疗的部位为非骨折的部位，但从江某提供的出庭作证证人的证言看，证人在治疗时，并不在现场，只是在治疗前看到江某身体有红肿现象和痛苦表现，为此秦某所举示的证据并不能反证自己的错误治疗行为与江某的损害之间不存在因果关系。据此，按照证据优势规则或高度盖然性规则，江某遭受的损害与秦某的错误治疗行为之间存在因果关系事实的可能性较大，依法应认定江某的损害与秦某的错误治疗行为之间存在因果关系。

责任划分与赔偿金额。江某遭受的损害，一是自己不慎摔倒受伤引发，二是秦某的违法及过错治疗行为所致，以上两种原因结合导致了江某遭受损害的结果。从原因力大小上比较实难区分主次，但是从秦某违法及错误治疗行为与江某的注意行为与其监护人的监护义务上比较，秦某过错较大，为此以秦某承担60%的赔偿责任，江某承担40%的责任为宜。损失金额计算为，医疗费为16373.82元、护理费为100元/天×13天=1300元、住院伙食补助费100元/天×13天=1300元、残疾赔偿金29610元/年×20年×10%=59220元、精神损害抚慰金酌定为2000元，鉴定费800元，合计为80993.82元。按责任比例，秦某赔偿江某的经济损失为80993.82元×60%=48596.29元。综上所述，依照《中华人民共和国侵权责任法》第四条第一款、第六条、第十五条第二款第六项、第十六条、第二十二条、第二十六条、《最高人民法院关于确定民事侵权精神损害赔偿责任若干问题的解释》第十条第一款第一、二、三、五、六项、《最高人民法院法院关于审理人身损害赔偿案件适用法律若干问题的解释》第十七条第一款、第二款、第二十一条、第二十三条第一款、第二十五条第一款、《最高人民法院关于适用〈中华人民共和国民事诉讼法〉的解释》第九十条的规定，判决：一、秦某在本判决发生法律效力后十日内赔偿江某经济损失人民币48596.29元；二、驳回江某的其余诉讼请求。如果未按本判决指定的期间履行给付金钱义务，应当按照民事诉讼法第二百五十三条规定，加倍支付迟延履行期间的债务利息。案件受理费940元，减半收取470元，秦某负担282元，江某负担188元。

二审认为，本案二审的争议焦点是上诉人秦某的诊疗行为与被上诉人江某左肱骨远端骨折的损害结果之间是否存在因果关系；秦某应否承担江某诉称的赔偿责任。民事诉讼法第六十四条第一款规定："当事人对自己提出的主张，有责任提供证据。当事人对自己提出的诉讼请求所依据的事实或者反驳对方诉讼请求所依据的事实负有责任提供证据加以证明。没有证据或者证据不足以证明当事人的事实主张的，由负有举证责任的当事人承担不利的法律后果。"首先，医疗损害赔偿的前提是诊疗行为损害后果存在关系，根据"谁主张，谁举证"的民事诉讼原则，该因果关系的举证责任在于被上诉人方。本案从被上诉人的举证看，其在一审庭审中除了其母亲何某的个人陈述外仅举示了李某某与徐某某的证人证言，但上述两位证人之一李某某并未出庭作证，无法印证其证言的真实性，另一证人徐某某虽然出庭作证，但其在庭审中陈述"在治疗过程中并未在场"，故上诉人所举示的证人证言均无法证明被上诉人江某左肱骨远端骨折系上诉人秦某的诊疗行为所导致。其次，从上诉人与被上诉人及证人的陈述可知，上诉人对被上诉人所施行的系脱臼复位治疗，脱臼和骨折系骨头遭受的两种不同的损伤，脱臼系关节错位，并非骨头本身断裂，从医学的角度判断，因脱臼复位治疗而导致骨折的可能性较小。而从被上诉人所举示的其在重庆红楼医院的住院病例及CT拍片看来，该医院均系以被上诉人的"左肱骨远端骨折"进行治疗，并未以其"行脱臼复位术损伤"进行治疗，且现无其他证据证明上诉人在对被上诉人治疗脱臼复位的过程中导致了骨折的损害发生，因此，一审法院认定江某的骨折损害与秦某的治疗行为之间存在因果关系证据不足，属于认定事实错误，应当予以纠正。

虽然本案中被上诉人未举证证明其骨折损害与被上诉人的诊疗行为具有因果关系，但上诉人明知其不具有医疗机构执业许可证还擅自对被上诉人进行脱臼复位诊疗，而本案中被上诉人年龄比较小，骨头承受外力作用力比较低，不排除上诉人对被上诉人进行脱臼复位治疗中导致了其自身骨折损害的加重。因此，可以推认定上诉人行脱臼复位术对被上诉人的损伤后果加重具有一定过错。因相关的医疗行政监督部门已经对上诉人的非法行医行为作出了一定的行政处罚，综合双方在本案中的过错大小，本院酌情认定秦某对江某的损害承担30%的赔偿责任，江某自行承担70%的责任。因双方当事人对一审法院所认定的赔付项目及标准没有异议，本院予以确认。故秦某应当赔偿江某经济损失为80993.82元×30%＝24298.15元。

综上所述，上诉人秦某的上诉请求部分成立，本院予以部分支持。一审法院认定事实错误，本院依法予以改判。根据《中华人民共和国侵权责任法》第四条第一款、第六条、第十五条第二款第六项、第十六条、第二十二条、第二十六条、《最高人民法院法院关于审理人身损害赔偿案件适用法律若干问题的解释》第十七条第一款、第二款、民事诉讼法第一百七十条第一款第二项之规定，判决如下：一、撤销一审人民法院（2017）渝0230民初2594号民事判决；二、秦某在本判决发生法律效力后十日内赔偿江某经济损失人民币24298.15元；三、驳回江某的其他诉讼请求。一审案件受理费940元，减半收取470元；二审案件受理费940元，共计1410元，由江某负担987元，秦某负担423元。

［评析］

非法行医人与患者谁应对因果关系事实负举证责任

一、江某的损害事实与秦某的非法行医行为之间是否存在因果关系应当由秦某负举证责任

当某一个或一些事实引起或者造成了另外一个或一些事实时，人们就说，前者是原因，后者是结果，二者存在因果关系。法律上的因果关系是指人的行为与损害结果存在引起与被引起关系，这就是侵权责任法上的因果关系。从性质上看有两个层面的因果关系，第一层面的因果关系是指责任成立的因果关

系，也就是事实因果关系，考察的是加害行为与权益遭受侵害之间的因果关系；第二层面的因果关系是指加害行为与损害范围的因果关系。从本案看，双方所争议的因果关系是第一层面的因果关系，第二层面的因果关系没有争议。因此就第一层面的因果关系进行讨论分析。

从因果关系理论发展演变上看，我国经历了必然因果关系说、相当因果关系说。必然因果关系说来源于苏联，20世纪80年代在我国理论界和实务界比较盛行。该说认为，因果关系，是指各个客观现象之间的一种必然联系，即某一现象的出现，是在一定条件下必然由另一已经存在的现象所引起，具体内容包括：一是在判定因果关系时，只有当违法行为与损害结果之间存在内在的、本质的、必然的联系时，才能认为它们之间存在因果关系。必然因果关系存在的缺陷是混淆了哲学中的因果关系与法律中的因果关系，混淆了法律中的事实与科学中的事实，另外，将条件排除在因果关系范围之外也非常不妥。由于必然因果关系说有以上缺陷，我国理论界与实务界逐渐转向相当因果关系说。该说认为，在原因事实与损害结果之间在通常情况下存在可能性，即认为加害行为与损害结果之间存在因果关系。其优点显而易见，梁慧星教授评价道："相当因果关系说不要求法官对每一个案件均脱离一般人的经验和认识水平，去追求所谓客观的、本质的必然联系。"王利明教授评价说："其允许法官作出一种法律上因果关系的判断，它并不要求受害人对因果关系的证明达到如同科学那样的精确地步，即便没有达到这种地步，也不妨碍法官根据一定的法律上的价值判断来确定因果关系的存在，这种做法减轻了受害人因果关系方面的举证责任负担，同时赋予了法官一定的自由裁量权，使得法官能够根据案件的具体情况、法律规定、经验、常识等进行调整。"① 在具体的案件中通常采用的是，相当因果关系与法规目的说。

普通法中，判断事实因果关系的标准是"but - for - test"，该标准通过一个假设的问题来判定被告的侵权行为是否属于造成损害的必要条件。在作为的案件中，该问题的表述是，如果没有被告的侵权行为，原告的损害是否会发生呢？如果答案是否定的，被告的侵权行为就是造成损害的必要条件，如果答案是肯定的，则不是。② 不作为案件正好相反。依据该规则，损害与被告行为因

① 王利明：《侵权责任法研究》，中国人民大学出版社2010年版，第386页。
② 程啸：《侵权责任法》，法律出版社2015年版，第228页。

果关系事实通常由原告负举证责任，证明被告的行为很可能造成所遭受的损害，即被告行为造成损害概率在50%以上。这种做法在一般的案件中没有疑问，可在一些加害行为与损害后果之间的因果关系不能准确加以计算，甚至无法依据科学的证据加以探明的案件中，这种做法行不通。[①] 如在英国发生过这样一起案件，原告在一座煤窑中工作，工作场所没有提供洗浴设备，原告感染了皮炎，后以煤矿违反没有洗浴设备这一普通法上的注意义务为由，将煤矿告上法庭，法院面临的问题是，原告是否能够证明他感染皮炎是因为缺乏洗浴设备所致。医学证据不能清楚地证明在工作时间中暴露于灰尘中如果没有洗浴设备，原告就会感染皮炎。法官Wilberforce认为，在没有确实的证据证明过错与损害之间的联系时，如果被告因过失增加了原告遭受损害的风险且该风险随后被现实化时，被告应当承担责任。这个案例说明了一个问题，在一些特殊情形，基于正义的考量，将举证责任转移给被告，更有利于充分实现司法正义。因为在特殊时间，特殊情况下，原告是无法充分完成举证的，相反将举证责任转移给被告，更为合理和公平。将一般情形下由原告负举证责任，转化为特殊情形由被告负举证责任，称为举证责任倒置。“考虑的因素是双方当事人之间证明的难易、盖然性的高低、距离证据的远近以及谁承担证明责任更有利于权利的保护和实现等”[②]。证明责任倒置必须有法律规定，法官不可以在诉讼中任意将证明责任分配加以倒置。《最高人民法院关于民事诉讼证据的若干规定》第四条第一款第八项规定就是举证责任倒置的有关法律规定。

结合本案，江某已经完成了加害人的加害行为事实、损害结果事实的举证责任，对于加害人的非法行医行为是否与损害结果之间存在因果关系，江某系无民事行为能力人，并且在加害人非法行医时，也未有他人在场，在这种情况下如果将因果关系的举证责任，分配给江某，显然与民事诉讼法所追求的公平正义价值相违背。同时也违背法律规定，《最高人民法院关于民事诉讼证据的若干规定》第四条第一款第八项规定，“因医疗行为引起的侵权诉讼，由医疗机构就医疗行为与损害结果之间不存在因果关系及不存在医疗过错承担举证责任”。侵权责任法第五十八条规定：“患者有损害，因下列情形之一的，推定医疗机构有过错：（一）违反法律、行政法规、规章以及其他有关诊疗规范的

① 程啸：《侵权责任法》，法律出版社2015年版，第229页。
② 张卫平：《民事诉讼法》，法律出版社2004年版，第209页。

规定；（二）隐匿或者拒绝提供与纠纷有关的病历资料……”依上述法律规定可知，医疗机构在违背医疗法规，或者没有病历资料等情况下，当事人举证适用举证责任倒置。本案的医方虽然不是合法的医疗机构，但是其非法行医行为给患者可能造成的损害风险比合法的医疗机构更大，损害后果更为严重，按举重以明轻的法律类推适用原则，合法的机构尚且有这样倒置的举证责任要求，违法行医的自然人更应适用以上法律规定，由此依据《最高人民法院关于民事诉讼证据的若干规定》第七条、《最高人民法院法院关于〈中华人民共和国民事诉讼法〉的解释》第九十条第二款之规定，应由秦某对自己非法行医行为与江某的损害事实之间无因果关系承担举证责任。在秦某没有举证证明自己非法行医行为与江某的损害事实之间不存在因果关系的前提下，由秦某承担不利的法律后果，这个后果就是推定秦某的非法行医行为与江某的损害之间存在因果关系。同时又由于秦某的非法行医行为本身就是过错行为，因此秦某对江某的损失应当承担赔偿责任。对此美国著名法官 Leamed Hand 有一句名言，“不能允许任何一个侵权人从逻辑网眼睛中逃掉，他是一个干坏事的人，应当让他来破解由于他的错误而引起的难题。”①

二审在适用民事诉讼法第六十四条时，误将当事人形式意义上的举证责任当成实质意义上的举证责任。所谓形式意义上的举证责任，通俗意义就是“谁主张，谁举证”，也就是说主张事实成立的当事人，对主张事实有举证上的义务，但现实的案件，并非当事人都能够完成充分的举证，很多情况下当事人是不能完成充分举证的，在这样的情况下，谁来承担举证不能的法律后果，法律对此进行责任分配，这就是实质意义上的举证责任。对于这个问题各国的法律规定也不一致。我国法律曾一度缺乏这样的规定，后最高人民法院制定《最高人民法院关于民事诉讼证据的若干规定》补充了这一法律空白，有了法律上的规定，其后，在诉讼法领域不断进行完善和修正。民事诉讼法第六十四条就是修改后的规定，但是属于形式意义的举证责任规定，实质意义的举证责任在相应的规定中。结合本案二审误将民事诉讼法六十四条这一形式意义的举证责任规定当成实质意义的举证责任规定，漏用《最高人民法院法院关于〈中华人民共和国民事诉讼法〉的解释》第九十条第二款、第九十一条、《最

① ［美］H. L. A. 哈特、托尼·奥诺尔：《法律中的因果关系》，中国政法大学出版社 2005 年版，第 213 页。

高人民法院关于民事诉讼证据的若干规定》第四条第一款第八项规定等法律实质意义举证责任规定，导致在这一具体的案件中没有适用法律规定的举证责任倒置，将因果关系实质意义的举证责任，分配给一审原告江某，造成一二审不同的裁判结果。这个结果与法律规定不符，也与法律精神背离。一审将因果关系的举证责任分配给秦某并由此进行事实推动是正确的。本案一审不存在认定事实错误。

二、责任比例划分一审妥当，二审存在逻辑等问题

要梳理出本案的责任，还有必要进一步在法理上对因果关系进行一番分析。对于因果关系，要区分系单一的因果关系还是复数因果关系，前者是指一个原因一个结果型的因果关系，后者是指多个原因与结果之间存在关联的情形，即多因一果与多因多果。

复数因果关系分为共同的因果关系、竞合的因果关系、累积的因果关系、修补的因果关系、择一的因果关系和假设的因果关系。共同的因果关系是指多个行为人分别实施加害行为，给受害人造成同一损害。其中，任何一个加害行为单独发生均不足以造成部分或全部损害，但是，这些加害行为相互结合后，造成了受害人的损害。各个加害行为之间不存在共同故意或共同过失。修补的因果关系是指对同一受害人造成损害结果的多个原因依次发生，在先的原因所造成的损害后果被在后的原因加以改变。在修补的因果关系中，各个加害人无共同故意，且任何一个加害行为都不足以造成全部损害。对于修补的因果关系责任承担问题，各国家法律规定和相关案例中法院判决不一致。从我国法院判决来看，如果能够一一查明行为人，首先采用按份责任，如果不能一一查明行为人，采用连带责任的形式，但其后可向其他实际行为人追偿。但是学者中存在不同看法。程啸教授主张按按份责任处理，不能查明或者逃逸的行为人的责任部分由查明的加害行为人平均负担。① 理由是侵权责任法规定的是按份责任。笔者赞同这一主张。竞合的因果关系是指多个加害人分别实施加害行为，给他人造成同一损害，每一个加害行为都可能造成这一损害。我国侵权责任法规定这种情况承担连带赔偿责任。其他因果关系类型与本案关联度不大，这里不一一列举进行考证。

---

① 程啸：《侵权责任法》，法律出版社2015年版，第241页。

本案到底属于什么类型的因果关系呢？从案情中的加害行为看有两个，一个是原告自己未尽注意义务导致摔倒受伤，其本质是监护人未尽监护的行为义务导致仅为四岁的原告摔倒受伤，第二是被告非法行医这一加害行为，前一个行为可能单独造成粉碎性骨折，后一个行为也可能因为不专业导致粉碎性骨折，也可能是两种行为的结合导致，原因不能判明，并且行为是先后发生，因此从上面因果关系的类型上看，可以排除共同因果关系，可能存在修补的因果关系或者竞合的因果关系，但具体属于哪一种，从行为先后上看，修补的因果关系概率比较大，更符合案件事实，因此以修补关系确定责任比较妥当。一审在认定秦某的非法行医行为与江某的损失具有因果关系，并在有过错的前提下，按照过错大小进行责任比例划分，最后以原被告4∶6的比例进行处理，与案件事实相符，也比较合理，因为本案从原因力上无法进行比较科学的比较，只能以过错大小进行比较，被告属于非法行医行为，过错要比监护人未尽一般监护义务大。同时也属于一审法官的自由裁量权范围，二审应当维持原判。遗憾的是二审进行了改判，笔者认为，二审的错误在于，一是举证责任分配不妥，上面已作分析；二是存在逻辑错误，因为既然二审将因果关系的举证责任分配给了一审原告，原告在没有完成因果关系事实举证的前提下，应当认定被告的非法行医行为与原告的损害不存在因果关系，既然不存在因果关系，哪来赔偿呢？可二审却在认为没有因果关系事实的前提下，又作有因果关系的判断，判决被告承担30%的赔偿责任，这不是前后矛盾吗？

综上所述，一审适用举证责任倒置，将被告的加害行为与原告的损害之间的因果关系事实举证责任分配给被告，在被告举证不能的情形下，推定被告的加害行为与原告损害存在因果关系，合法适理，对于责任比例划分也比较适当，裁判正确。相反，二审将本案因果关系事实举证责任分配给原告多有不妥之处，同时在责任比例的划分上也存不当。

张某某诉林某某民间借贷纠纷案

龚 杨*

【基本案情】

2015年8月17日、8月18日张某某将100万元款项分两次汇入案外人陈某某的账户。2016年4月12日，陈某某、林某某与宁波某公司、汤某某签订“浙三采39号”轮《船舶买卖合同》。2016年4月13日，宁波某公司汇入林某某账户150万元。2016年4月18日，林某某出具给张某某的借条载明：今借到张某某100万元，该款由张某某汇入陈某某账户，该款待“浙三采39号”轮第二期购船款汇入本人账户后归还。后林某某未收到第二期购船款，也未归还张某某100万元。张某某诉至法院，请求林某某归还借款100万元。

【审理结果】

浙江省舟山市普陀区人民法院经审理认为，张某某主张的林某某向其借款100万元的事实，已由其提供的林某某出具的借条及汇款记录予以证实，应认定为借款关系。根据林某某、陈某某与宁波某公司、汤某某订立的购船合同，2016年4月25日第二期300万元汇款应支付林某某及陈某某，但林某某在付款期限届满后，未积极向对方主张权利也未向法院提出诉讼，怠于行使到期债权，显然对张某某权益实现造成损害，应视为付款条件已经成就。对林某某提出的付款条件不成就的抗辩理由不予采信，林某某应及时归还借款。故判决：林某某于判决生效后十日内归还张某某借款本金100万元及相应利息。

---

* 作者单位：浙江省舟山市中级人民法院。

林某某不服一审判决上诉称，涉案100万元的付款条件尚未成就。借条约定待林某某收到第二期购船款后再归还张某某100万元，但林某某至今尚未收到第二期购船款，且经多次催讨，购船方仍未支付。原审认定涉案100万元付款条件已成就于法无据。

二审法院经审理认为，借条中载明的“该款待‘浙三采39号’轮第二期船款汇入本人账户后归还”系对还款期限的约定，而非约定还款条件。根据林某某与案外人签订的船舶买卖合同，若该合同顺利履行的话，林某某应当在2016年4月25日前收到第二期船款。但案外人能否按时支付购船款存在不确定性，因此借条中约定的还款期限属于约定不明确的情形，张某某可以在2016年4月25日后随时要求林某某归还借款。故2016年11月28日张某某起诉林某某归还借款时还款期限已经届满。遂判决：驳回上诉，维持原判。

[评析]

当事人约定的所谓“还款条件”应理解为“还款期限”

一、当事人约定的所谓“还款条件”不属于附条件的民事法律行为

根据民法理论，民事法律行为可以附条件，附生效条件的民事法律行为，自条件成就时生效。例如，出卖人与买受人约定，如果出卖人明年出国，就把房屋卖给买受人。此时，出卖人明年出国就是房屋买卖合同的生效条件。但是，不是所有冠以“条件”之名的都可以称为附条件的民事法律行为。民法理论上所称附条件的民事法律行为，此处“条件”须具有控制法律行为效力的功能。对于附生效条件的民事法律行为，条件是否成就直接影响民事法律行为是否生效。换句话说，在条件成就之前，该民事法律行为并未生效。然而，对于附条件的还款而言，在债权人与债务人达成该协议之前，双方之间已经产生了债权债务关系。付款义务是依据该债权债务关系而发生，而非根据债权人与债务人达成的还款协议所附条件成就而生效。因此，对于已经发生的还款义务，债权人与债务人自无再约定还款生效条件的余地。

二、还款是借款人的义务，不能约定条件

还款是借款人的义务。既然是义务就应当严格履行，而不能谈条件。我国合同法在“合同的履行”一章对履行的标准、价格、地点、期限、方式、费用负担等均作出了规定，唯独没有规定履行的“条件”。

三、当事人约定的所谓“还款条件”应理解为“还款期限”

还款虽然不能约定条件，但是不妨碍当事人约定还款的期限。履行期限有三种类型：确定期限、不确定期限和履行期限不明确。当事人约定的所谓“付款条件”属于履行期限不明确的类型。对于履行期限不明确的，债权人可以随时要求债务人履行义务。本案中，根据林某某与案外人签订的船舶买卖合同，若该合同顺利履行的话，林某某应当在2016年4月25日前收到第二期船款。但案外人能否按时支付购船款存在不确定性，因此借条中约定的还款期限属于约定不明确的情形，张某某可以在2016年4月25日后随时要求林某某归还借款。

[《民法总则》条文理解与适用]

第四条 民事主体在民事活动中的法律地位一律平等。

【条文对照】

民法通则第三条 当事人在民事活动中的地位平等。

【条文主旨】

本条是关于平等原则的规定。

【条文理解】

民法平等原则，就是指民事主体在法律地位上是平等的，其合法权益应当受到法律的平等保护。自民法通则第三条“当事人在民事活动中的地位平等”首次确立平等原则，奠定了我国市场经济和新型人身关系的法治基础以来，我国婚姻法①、继承法②、物权法③、合同法④、侵权责任法等⑤全部民事

---

① 婚姻法第二条规定，实行婚姻自由、一夫一妻、男女平等的婚姻制度；保护妇女、儿童和老人的合法权益。

② 继承法第九条规定，继承权男女平等。

③ 物权法第三条第三款规定，国家实行社会主义市场经济，保障一切市场主体的平等法律地位和发展权利。物权法第四条规定，国家、集体、私人的物权和其他权利人的物权受法律保护，任何单位和个人不得侵犯。

④ 合同法第三条规定，合同当事人的法律地位平等，一方不得将自己的意志强加给另一方。

⑤ 收养法第二条规定，收养应当有利于被收养的未成年人的抚养、成长，保障被收养人和收养人的合法权益，遵循平等自愿的原则，并不得违背社会公德。

合伙企业法第五条规定，订立合伙协议、设立合伙企业，应当遵循自愿、平等、公平、诚实信用原则。

商业银行法第五条规定，商业银行与客户的业务往来，应当遵循平等、自愿、公平和诚实信用的原则。

证券法第四条规定，证券发行、交易活动的当事人具有平等的法律地位，应当遵守自愿、有偿、诚实信用的原则。

反不正当竞争法第二条规定，经营者在市场交易中，应当遵循自愿、平等、公平、诚实信用的原则，遵守公认的商业道德。

消费者权益保护法第四条规定，经营者与消费者进行交易，应当遵循自愿、平等、公平、诚实信用的原则。

未成年人保护法第三条规定，未成年人享有生存权、发展权、受保护权、参与权等权利，国家根据未成年人身心发展特点给予特殊、优先保护，保障未成年人的合法权益不受侵犯。

残疾人保障法第三条规定，残疾人在政治、经济、文化、社会和家庭生活等方面享有同其他公民平等的权利。

妇女权益保障法第二条规定，妇女在政治的、经济的、文化的、社会的和家庭的生活等各方面享有同男子平等的权利。

农村土地承包法第六条规定，农村土地承包，妇女与男子享有平等的权利。承包中应当保护妇女的合法权益，任何组织和个人不得剥夺、侵害妇女应当享有的土地承包经营权。

法律无不以维护平等原则为己任。民法总则第四条规定，“民事主体在民事活动中的法律地位一律平等”，作为民法的一个基本原则，凸显了平等原则在民法基本原则中的首要地位。第一，平等原则最直接地反映了民法调整对象和方法的特征。民法将平等主体之间的人身关系和财产关系作为其调整对象，平等原则集中反映了民法所调整的社会关系的本质特征，也是全部民事法律制度的基础。可以说，没有平等原则，就没有民法。第二，民法平等原则，使民法与公法划分了基本的界限。属于平等之主体之间的法律关系，属于民法调整的范畴，非平等主体之间的法律关系归于公法，如行政法、刑法等法律部门的调整范畴。因而民法天然具有确认、保障和救济民事权利的功能，而限制国家、政府等公权力对民事权利的不当干预和侵害。平等原则成为我国立法和司法重要指针。第三，平等原则充分反映了社会生活的本质要求。民法是社会生活的百科全书。财产关系中最主要的是市场经济关系，市场经济关系的本质就是平等，主体平等、权利平等，平等竞争、平等保护，平等的交易秩序、等价有偿的交易关系和自由公正的竞争秩序。平等也是人身关系的本质要求。人格独立和平等，人格自由和人格尊严，是人权发展的必然要求和现代法治的基本精神。平等原则是人类社会由身份转为契约关系，由契约转为人权关系的最集中体现，是对集权等级制度的否定，也是对中国传统的人与人的依附关系的否定，是以人为本的民法核心价值展现。在西方国家，尽管多数没有规定平等原则，但都承认平等原则应当是民法的基本原则。也有少数国家规定了平等原则或者有体现平等原则的规定。《俄罗斯民法典》第1条规定，民事立法的基本原则是确认民事立法所调整的关系的参加者一律平等，财产不受侵犯，合同自由，不允许任何人随意干涉私人事务，必须无阻碍地行使民事权利，保障恢复被侵犯的权利及其司法保护。《法国民法典》第8条规定，所有法国人均享有民事权利。《瑞士民法典》第11条规定，（1）人都有权利能力。（2）在法律范围内，人人都有平等的权利能力及义务能力。《日本民法典》第1条之2规定，解释本法，应以个人尊严及两性实质性平等为宗旨，等等。

平等原则包括以下内容：

第一，人格的平等。人格平等就是在法律上不分尊卑贵贱、财富多寡、种族差异、性别差异，一律认为人与人的抽象人格是平等的。[1] 在民事活动中，

[1] 王利明：《民法总论》，中国人民大学出版社2012年版，第113页。

人格平等即为当事人的法律地位平等，被一视同仁的对待。在合同关系中当事人都是完全平等的，无论参与合同关系的当事人在事实上是否具有隶属关系或不平等的地位，一旦进入合同关系，必须是平等主体，平等协商、平等保护，一方不得将自己意志强加于对方。在产权关系中，不分个人、国家、集体、企业，也不分合伙、有限责任公司还是股份有限公司，都是平等的市场主体。物权法第三条第三款规定，“国家实行社会主义市场经济，保障一切市场主体的平等法律地位和发展权利”。一切进入市场的主体，在法律地位上都是平等的，即使是国家所有权也不例外。国有财产虽然在性质上是全民财产，但当国有资产进入市场以后，必须要将国有财产权和其他财产权同等对待，承认其平等的地位。在国有土地使用权基础上，通过出让方式设定建设用地使用权，尽管合同当事人一方为代表国家的国有土地管理部门，另一方为法人或公民，但双方的地位必须是平等的。在家庭关系中，虽然存在身份上的亲属关系，但就家庭成员每个人的人格而言也是平等的。婚姻法第二条规定，“实行婚姻自由、一夫一妻、男女平等的婚姻制度；保护妇女、儿童和老人的合法权益。”民事主体在民事法律关系的产生、变更和消灭方式上，对所有当事人必须是平等和一致的。正是由于人格的独立与平等，每个人都是权利和义务的归属主体，对自己行为的后果平等地承担法律责任。近代民法以来确立的个人责任原则，就是建立在个人人格独立和平等的基础上，因而也就不再有连坐等独立平等人格否认的责任形态。在民事法律关系中，没有领导和被领导的关系，即使在行政上有隶属关系的上级组织与下级组织，在民事法律关系中，其法律地位也是平等的。参与民事法律关系时，国家和国家机关作为民事主体，与其他民事主体也处于平等地位。

第二，民事主体资格平等。民事主体资格平等就是所有的民事主体的民事权利能力一律平等。民法通则第十条明确规定，“公民的民事权利能力一律平等。”民法总则第十四条规定，“自然人的民事权利能力一律平等”，虽然只是将“公民”修改为“自然人”，但其蕴含的先进法治价值不可低估。这一修改将民事权利能力平等的政治限定和差别意味完全删除，真正实现了人的平等。不问性别、年龄、民族、宗教、信仰、文化程度以及智力程度等，自然人的民事权利能力一律平等。民法通则第九条和民法总则第十三条规定，自然人自出生时起到死亡时止，具有民事权利能力，即具有民事主体资格。民法总则第十六条规定，“涉及遗产继承、接受赠与等胎儿利益保护的，胎儿视为具有民事权利能力。但是胎儿娩出时为死体的，其民事权利能力自始不存在。”将民事权利能力扩展至胎儿时期。对于法人，民法通则第三章也专门规定，法人自其有效成立时起具有民事权利能力，享有民事主体资格。民法总则第五十九条规定，“法人的民事权利能力和民事行为能力，从法人成立时产生，到法人终止时消灭。”第六十条规定，“法人以其全部财产独立承担民事责任。”法人的业务性质不同，具体的业务范围有可能不同，具体可以分为营利性法人、非营利性法人和特别法人，但法人的民事主体资格完全平等。

第三，内容平等。这就是说，在具体的民事法律关系的内容确定上，民法既注重形式平等，还要兼顾实质平等。在现代民法中，平等原则首先是强式意义上的平等对待，对民事主体不作类型区分、一体对待。同时，也重视弱式意义的平等对待，对民事主体作类型区分、区别对待，既要保障形式正义，又兼顾实质正义要求。在法律上，则意味着凡为法律视为相同的人，都应当以法律所确定的方式来对待。例如，合同法既确定了合同自由原则，又要求合同正义，而合同正义的实现就建立在弱式意义上平等对待的基础上。对妇女、儿童、老年人、残疾人、消费者等在特定的法律关系中给予特殊的保护，以实现权利内容的实质平等。继承法第九条规定，“继承权男女平等。”法定继承上，实行继承权男女平等原则，男女公民均可作为继承权的主体，禁止在继承关系中歧视、排斥妇女。

第四，平等保护。民法在对民事主体享有的民事权益的保护上，要贯彻平等原则的要求。无论民事主体之间具有何种事实上的差异，当其权利受到侵害时，法律都给予一体保护。任何主体都不能比其他主体享有更多的保护，即便公有财产从政治层面上讲神圣不可侵犯，但在民法中它也应与私人财产受到同等的保护。民法总则第3条即是民事权利神圣不可侵犯的规定，充分体现了民事权利保护平等性的要求。对民事权利的平等保护，首先是民事责任的统一。民事权利受到侵害后，权利人享有平等的保护方法和责任救济方式。在民事责任方式上，贯彻损失填补原则，以弥补受害人的损失为宗旨，一般不能对加害人的行为予以类似于公法上的惩罚性措施。在合同法上，每一违约方应当承担相同的强制履行、支付违约金、赔偿损失等违约责任；在物权法上，国家、集体及个人的财产受到侵害后，侵权人应当承担返还财产、恢复原状、排除妨碍、消除危险、赔偿损失等民事责任。在人身权利受到侵害后，侵权人要承担停止侵权、赔礼道歉、赔偿损失等民事责任。物权法第四条规定，“国家、集体、私人的物权和其他权利人的物权受法律保护，任何单位和个人不得侵犯。”这就是说，即使是没有进入交易领域的财产，都要同等地受到法律的确认和保护；在遭受侵害以后，也要受到物权法的平等保护。在追究了民事责任以后，并不影响对违法者追究其他公法上的责任，这两种责任并行不悖。当然各种民事责任方式，权利人可以自由地选择适用，在最后责任承担上仍然是平等的。其次是在具体救济程序上也是平等的。民事权利受到侵害后，权利人可以通过与责任人平等协商进行救济，也可以申请调解、申请仲裁或者依法提起民事诉讼救济权利。在各类救济方式上，当事人可以选择。在救济程序中，当事人的诉讼法律地位完全平等，实体权利的享有者与实体义务的承担者诉讼地位平等，双方当事人拥有同等的行使诉讼权利的机会、便利和手段，人民法院要对当事人的诉讼权利平等保护和平等对待。

当然，民事主体在法律地位上的平等，并不意味着在实际的民事法律关系中，每个当事人所享有的具体的民事权利和承担的民事义务都是一样的。在具体的民事法律关系中，各个当事人根据法律和自身的意志，享有不同的权利和义务。有的享受更多的民事权利，有的要承担更多的民事义务，有的只享受权利而不承担民事义务或只承担义务而不享受权利。如，在赠与合同中，赠与人就只承担义务而不享有权利。由此可见，法律地位的平等，并不是指实际享受的权利和承担的义务均等。

【审判实践中应注意的问题】

一、关于平等原则是否成立的问题

立法中有学者认为，本国公民与外国自然人、无国籍人的民事权利能力并不平等，如外国人不能平等就业、不能享有宅基地使用权等。而且法人与自然人之间的权利能力也不平等。因此，不宜规定平等原则，否则易导致逻辑上的矛盾，外国民法一般也不规定。但此种观点并不全面。一是外国之所以不规定平等原则是因为有地位平等的传统，因此不需要强调。二是法律地位、权利能力是抽象的、本质的东西，法律地位平等是民事立法、司法和民事行为的基本准则，不同于具体的民事权利能力。

二、关于是否增加特殊保护问题

起草过程中有意见认为，应当增加一款，“法律对民事主体有特别保护的，依照其规定。”但如此规定，一是容易让人理解成民法上的特别保护构成了民事主体法律地位的不平等。二是平等原则讲的是抽象的、概括的、整体的地位平等，加强对弱者的保护也是为了实现实质平等，仍然是平等原则的应有内容。三是民法总则第十一条规定，“其他法律对民事关系有特别规定的，依照其规定。”已经解决了特别保护的问题。

三、为何将民法通则的“地位平等”修改为“法律地位平等”

强调法律地位平等更能准确表达平等原则的含义，即民事主体之间仅仅是民事权利能力上的平等、受平等保护，至于父母子女之间、用人单位与劳动者之间存在的事实上的不平等地位，并非民法所禁止的。就民事活动而言，“法律地位”比“地位”更准确。

四、关于应否增加“不得强加意志”的内容

“不得强加意志”的内容，涉及平等与意思自治的关系。民法总则最后没有在平等原则中增加“不得强加意志”的内容。理由是：平等原则强调的是法律地位的平等，这种平等不仅有动态的民事主体在发生法律关系时相互法律地位的平等，还包括的静态的权利能力的平等，如果增加“强加意志”的内容，一方面易导致人们忽视静态的平等，另一方面，强调此内容也可能导致平等原则与意思自治原则内容的重复。

第五条 民事主体从事民事活动，应当遵循自愿原则，按照自己的意思设立、变更、终止民事法律关系。

【条文对照】

民法通则第四条　民事活动应当遵循自愿、公平、等价有偿、诚实信用的原则。

【条文主旨】

本条是关于自愿原则的规定。

【条文理解】

一、自愿原则的内涵与意义

自愿原则，有的学者称为意思自治原则，也有人称为“私法自治原则”。自愿原则是民法的重要基本原则。自愿原则是指民事主体在民事活动中，充分表达自己的真实意愿，根据自己的意愿设立、变更和终止民事法律关系。[1]对意思自治应从以下几个方面理解：（1）从法哲学、法律社会学层面理解，意

① 王利明、郭明瑞、方流芳：《民法新论》（上），中国政法大学出版社1987年版，第59页。

思自治是指每一社会成员依自己的理性判断，管理自己的事务，自主选择、自主参与、自主行为、自主负责；（2）从公法与私法划分的层面理解，意思自治是指私法主体有权自主地实施私法行为，他人不得非法干预；私法主体仅对基于自由表达的真实意思而实施的私法行为负责；在不违反强行法的前提下，私法主体自愿达成的协议优先于私法之适用，即私人协议可以变通私法；（3）从冲突法层面理解，意思自治指当事人有协商选择处理纠纷所适用之准据法的权利。①

民法上的自愿原则，实质上承担起了“意思自治”民法核心价值的重任，高举着“法无禁止皆可为”的民法旗帜。自愿原则，既是私法的最基本原则，也是民法其他基本原则以及民法价值体系和规则体系的历史元点和逻辑起点。虽然西方各国民法典多未明确规定意思自治原则，是因为视其为当然，无须明文规定。② 足见意思自治原则在民法中地位之重要。

二、自愿原则的表现

自愿原则，首先要求民事主体在民事活动中表达自己的真实意志，虚伪的意思或在受欺诈、胁迫情况下表达的意思都是无效的。其次则给予民事主体在从事民事活动中一定的意志自由。这种自由包括：（1）当事人有权依法从事某种民事活动或不从事某种民事活动。（2）当事人有权选择其行为的内容和相对人。（3）民事主体有权选择其行为的方式。③ 总体上看，自愿原则主要有三个维度：一是民事活动的当事人享有自主的决策权；二是法律对违背自愿要求的民事行为不予保护；④ 三是每个人都为对自主做出的行为后果负责。第一个维度是指意思之自由，民事主体以自己的意思形成其民法上的权利义务关系。第二个维度是指意思自由之保护，违背当事人意思自由之行为，在法律上不受保护，以保护意思自由。第三个维度是意思自由有必要之限制。

从民法的各个制度上看，均有自愿原则之贯彻。民法总则第一百三十条规定，“民事主体按照自己的意愿依法行使民事权利，不受干涉。”

---

① 江平、张礼洪：《市场经济和意思自治》，载《法学研究》1993 年第 6 期。

② 王泽鉴：《民法总则》，中国政法大学出版社 2000 年版，第 245 页。

③ 王利明、郭明瑞、方流芳：《民法新论》（上），中国政法大学出版社 1987 年版，第 59 ~ 60 页。

④ 徐国栋：《民法基本原则解释》，中国政法大学出版社 1992 年版，第 63 ~ 64 页。

第一，在物权法上，所有权人有占有、使用、收益和处分所有物的自由。[①]

第二，在继承法上有遗嘱自由，个人在生前可以通过遗嘱的方式处分其财产，决定其死亡以后，财产归谁所有。[②]

第三，在合同法上，契约自由表现得最为明显。[③] 当事人可以意思表示一致，而成立合同，形成合同权利义务关系。当事人缔结的合同具有法律效力，而且其效力高于法律的任意性规定。[④] 合同自由包括缔结合同的自由、选择缔约相对人的自由、合同内容的自由、合同方式的自由。缔结合同的自由是指缔结合同与否，由当事人自由决定，一方不得强迫另一方缔约。选择缔约相对人的自由，即与何人缔结合同，由当事人自由选择，不得强制。合同内容自由，即由双方通过意思表示自愿确定合同权利和合同义务，包括违约责任。合同方式自由，是指除法律另有特别规定外，当事人只要意思表示一致即可成立合同，无须其他特别的形式。

第四，婚姻自由。婚姻法第一条和第二条规定，实行婚姻自由制度，任何人不得干涉婚姻自由。婚姻自由包括结婚自由和离婚自由。婚姻法第三条规定，“禁止包办、买卖婚姻和其他干涉婚姻自由的行为。”第五条规定，“结婚必须男女双方完全自愿，不许任何一方对他方加以强迫或任何第三者加以干涉。”结婚自由，即指男女双方自由选择自己的结婚对象，不受干涉。离婚自由，是指夫妻双方在感情破裂以后，可以自由地解除夫妻关系。离婚自由是婚姻自由的重要方面，应予尊重和保护。

第五，人格权利自由。人格权是人生而具来的权利，一般不允许与人身分离。但人格权应有权利自由之意。一方面人格权中财产性的权利内容，允许当事人使用和处分，以获得收益。如肖像权认可他人为商业上之使用，特别是社会名人的肖像能产生很高的收益。另一方面，人格权利之行使自由不受非法干

---

① 物权法第三十九条规定，“所有权人对自己的不动产或者动产，依法享有占有、使用、收益和处分的权利。”

② 继承法第十六条规定，“公民可以依照本法规定立遗嘱处分个人财产，并可以指定遗嘱执行人。”

③ 合同法第四条规定，“当事人依法享有自愿订立合同的权利，任何单位和个人不得非法干预。”

④ 合同法第一百一十九条规定，“依法成立的合同，对当事人具有法律约束力。”

预。如姓名的决定权，不受法律规定之外的特别限制。[①] 民法通则规定“公民享有姓名权，有权决定、使用和依照规定改变自己的姓名，禁止他人干涉、盗用、假冒。”再如人身自由，已经逐步发展在为独立的人格权类型。

三、自愿原则适用的特点

自愿原则作为民法的基本原则，在其功能上表现出如下特点：

第一，行为自由与权利保护的协同。民事主体只要进行交易或其他民事活动双方的交易等行为不违反法律规定，其他任何机关、团体、个人等第三方都不能干涉。意思自治的正面肯定和表达，意在宣扬民法自由、私权自治的理想和追求，宣示私法精神，强调私权意识。排除他人对意思自治的干预，是在制度设计中创造个人自由空间，屏蔽非法干涉，保障个人自由免于非法侵犯的隔离带、防火墙。[②]

第二，意思自治与不真实意思之禁止的协同。意思自治的前提是理性的人的真实的效果意思设立权利义务，并受其约束，对于违背民事主体真意的意思表示，不受保护。民法规定的因欺诈、胁迫、乘人之危、虚假意思表示等不符合真意的行为，其效力得以撤销而无效。

第三，意思自治与法律补充相协同。民事主体的约定优先于民事任意性法律规范而适用。在合同法有三十一个条文规定了“当事人另有约定的”除外，或者依其约定。民法总则有六个条文明确规定“当事人另有约定的除外”。在当事人意思表示需要补充或者解释时，得以民法规定予以补充或者解释，弥补民事主体意思表示的不足，明确其意思表示之真意。

第四，意思自治与责任负担相协同。当事人可以自由设立、变更、终结民事法律关系，同时要对自己的真实意思负责。在民事活动中，只有民事主体的真实意思表示，才能发生法律效力，才应当对该行为后果负责。民法总则第119条规定，“依法成立的合同，对当事人具有法律约束力。”当事人对于在意

---

① 《全国人民代表大会常务委员会关于〈中华人民共和国民法通则〉第九十九条第一款、〈中华人民共和国婚姻法〉第二十二条的解释》规定，“公民依法享有姓名权。公民行使姓名权，还应当尊重社会公德，不得损害社会公共利益。公民原则上应当随父姓或者母姓。有下列情形之一的，可以在父姓和母姓之外选取姓氏：（一）选取其他直系长辈血亲的姓氏；（二）因由法定扶养人以外的人扶养而选取扶养人姓氏；（三）有不违反公序良俗的其他正当理由。少数民族公民的姓氏可以从本民族的文化传统和风俗习惯。”

② 侯佳儒：《民法基本原则的解释：意思自治原理及其展开》，载《环球法律评论》2013年第4期。

志不自由的情况下造成的后果，原则上也不承担责任。

四、自愿原则的限制

“绝对的自由就是不自由”。自愿原则的作用发挥，必然受相关条件的限制。

第一，自愿原则以民事主体平等和自由为前提。自愿原则是现代市场经济内在规律的要求，但其功能的发挥，当以当事人的自由平等，及由此而产生的自由竞争及机会均等为前提要件，始足确保契约内容的妥当性。① 民事主体平等既有形式上的平等，更有实质上的平等。因各民事主体在能力、资历、机会方面的差异，影响到自愿原则的作用发挥。因此，法律为保障各民事主体的意思自治，规定了诸多干预条款，以保障意思自治下的实质公平的实现。如民法总则第一百二十八条规定，“法律对未成年人、老年人、残疾人、妇女、消费者等的民事权利保护有特别规定的，依照其规定。”在未成年人权益保护法、老年人权益保护法、劳动法、消费者权益保护法等专门法律中，对未成年人、老年人、妇女、残疾人、劳动者、消费者等特殊主体，都给予特殊之保护规定。

第二，在所有权、知识产权等民事主体支配使用处分中，法律明确规定，权利行使须以不违反法律禁止性规定、不损害公序良俗为条件。物权法第7条规定，“物权的取得和行使，应当遵守法律，尊重社会公德，不得损害公共利益和他人合法权益。”民法总则第一百一十七条规定，“为了公共利益的需要，依照法律规定的权限和程序征收、征用不动产或者动产的，应当给予公平、合理的补偿。”民法总则第一百三十二条规定，“民事主体不得滥用民事权利损害国家利益、社会公共利益或者他人合法权益。”物权法第七章规定，在不动产相邻关系处理中，应当相互给予方便，并不得损害相邻不动产之合理使用，是典型的权利自由的限制。婚姻法第2条规定，“禁止重婚。禁止有配偶者与他人同居。禁止家庭暴力。禁止家庭成员间的虐待和遗弃。”

第三，在与他人之间设立民事权利义务关系时，首先应当遵守诚实信用原则，平等协商、公平设定合同内容，不得损害相对人的合法权益。违背诚实信用的行为，其法律效力受到限制。民法总则第一百四十六条、第一百四十七条、第一百四十八条、第一百四十九条、第一百五十条、第一百五十一条明确

① 王泽鉴：《民法总则》，中国政法大学出版社2000年版，第247页。

规定了虚假的意思表示、重大误解的意思表示、欺诈的意思表示、胁迫的意思表示、乘人之危的意思表示均得以撤销之。其次，民事主体之间的合同，不得损害国家利益、社会公共利益、他人利益，不得违反公序良俗。民法总则第一百五十三条规定，“违反法律、行政法规的强制性规定的民事法律行为无效，但是该强制性规定不导致该民事法律行为无效的除外。违背公序良俗的民事法律行为无效。”第一百五十四条规定，“行为人与相对人恶意串通，损害他人合法权益的民事法律行为无效。”

【审判实践中应注意的问题】

意思自治原则与自愿原则的关系。不少学者将自愿原则与意思自治原则等同。[①] 但也有学者认为二者存在差异。有学者认为“自愿”与“自治”具有重大区别，自愿原则仅能表达当事人享有参与民事活动的自由，但无法表达意思自治原则最为重要的核心思想，即当事人的意志自由是其权利义务的创设依据。私法自治的概念容易被人们误解，故私法自治宜作为学理解释，不宜作为法定原则。我们认为，自愿原则其实质内涵就是意思自治原则，民法总则和各单行民事法律，都充分体现了民事主体的意志自由、义务自愿、责任自担的全部内容和价值理念，且概无例外地通过法律行为制度、权利概念作为实现意思自治的根本方法，以诚实信用和公序良俗作为平衡自愿原则与公平正义、社会公益关系的隔离带。

① 魏振瀛主编：《民法》，北京大学出版社、高等教育出版社2013年版。

《最新法律文件解读》丛书
稿　　约

《最新法律文件解读》是一套以为最新法律规范提供同步“解读”为主的系列丛书，分为刑事、民事、商事、行政与执行4个分册，按月出版。

本丛书以“解读”为重点，突出全、专、新、快、准等特点，通过对最新出台的法律、法规、司法解释、部门规章以及重要地方性法规进行同步动态解读，弥补了法律、法规、司法解释汇编类出版物没有同步阐释、解读内容的不足，为广大读者学习理解最新法律规范，正确贯彻执行法律文件，及时解决实践中的新情况、新问题，提供一个全方位、多层面的法律信息平台。

欢迎您向以下栏目赐稿：

【最新法律文件解读】主要是对最新颁行的法律文件进行解读，帮助司法和执法人员正确理解法律文件的立法背景、意义、重点内容、在适用中应注意的问题、与相关法律文件的衔接与互动关系等等。

【司法实务问题研究】主要刊登对司法理论、实务及司法管理工作中的热点、疑难问题进行研究及评论的文章。

【新类型疑难案例选评】主要是对司法和行政执法实践中具有典型性和代表性的疑难案例，结合具体案情以及审理或处理结果进行简练精辟的点评，解析认识问题的方法、处理问题的法律依据和在个案中的具体适用。

【法学前沿与新视点】以摘要的形式刊登相关法学理论研究的最新动态及具有代表性和典型性的前沿问题，扩展法学研究的深度和广度。

【法律适用问题解答】主要针对司法和行政执法实践中面临的新问题、热点问题、疑难问题进行简要的解答，指出涉及的法律关系，明确法律适用依据。

稿件一经刊用，即付稿酬，稿酬从优。

《刑事法律文件解读》　姜　峤　邮箱：bj85250573@126.com
《民事法律文件解读》　丁丽娜　邮箱：dlnlaw@163.com
《商事法律文件解读》　路建华　邮箱：shangshijiedu@126.com
《行政与执行法律文件解读》　张　奎　邮箱：271717306@qq.com

人民法院出版社
《最新法律文件解读》丛书编辑部